베이징 사오싱 상하이 시안

홀로
중국을 걷다

이욱연의 중국 도시 산책

창비

책머리에

홀로 걷는 일이란, 중국을 걷는 일이란 무엇인가

 자주 혹은 때때로 홀로 걷는다. 홀로 걷는 일이란 무엇인가?

 중국 작가 루쉰의 말대로 새로운 세상을 만들려면 여럿이 같이 걸어야 한다. 그래야 지상에 희망의 길이 생긴다. 나와 같은 꿈을 꾸는 사람들의 보폭과 방향에 내 걸음을 맞추면서 손잡고 같이 걸어야 한다. 그런데 때로는 홀로 걷는 일도 삶에 꼭 필요하다. 여럿이 함께 걷는 걸음만이 아니라 온전히 혼자 걷는 길과 시간도 있어야 한다. 그 걸음과 시간 속에서 내 보폭에 따라, 내 방향에 따라 홀로 걷는 순간, 나는 온전히 나 스스로에게로 돌아간다. 내가 자주 혹은 때때로 홀로 걷는 이유다.

 왜 중국인가? 너무 낯선 여행지는 위축감이나 긴장을 주기도 하고, 때로는 낯섦이 주는 자유로 사람을 한없이 풀어지게도 한다. 반대로 너무 익숙한 여행지는 내 생각과 눈을 일깨우지 못한다. 그 많은 공간 중에서 중국을 홀로 걷는 일이란 내게 적당한 긴장과 적당한 이완 사이, 적당한 낯섦과 적당한 익숙함 사이, 그 어느 경계에서 걷는 일이다. 적당히 새롭고 적당히 낯설고 적당히 긴장한 마음으로 걷는다. 온전히 나에게로 돌아가고, 나를 들여다보고, 내가 사는 세상을 들여다보는 시간이다.

내가 자연경관이 빼어난 곳보다 사람의 발걸음이 켜켜이 쌓여 있는 곳, 문학과 역사, 철학 같은 인문의 숨결을 느낄 수 있는 여행지를 좋아하는 것도 중국을 걷는 중요한 이유다. 사람의 길, 인생의 길을 생각하면서 남아 있는 삶의 흔적을 따라 내 보폭과 방향, 목적지를 정해 홀로 걷는 여행이 내게는 최고의 여행이다. 중국에는 그렇게 걸을 만한 인문의 흔적이 많다.

이 책은 홀로 중국을 걸은 사념의 발걸음을 기록한 것이다. 삶의 위대함과 찬란함을, 삶의 고단함과 비루함을 생각하면서 홀로 걸었다. 주로는 영화와 소설 속 인물들의 삶의 길을, 비범하기도 하고 짠하기도 한 삶을 산 사람들의 인생길을 따라서 걸었다. 아큐와 허삼관 같은 소설 속 주인공을 따라 걷기도 했고, 김사량이나 안중근, 이효석, 심훈을 따라 걷기도 했다. 유한한 인간에게 훌륭한 소설을 읽고 멋진 영화를 보는 것만큼 삶의 다양함을 이해하고 살아가는 지혜를 얻는 데 도움이 되는 게 없다고 생각한다. 홀로 걷는 길에 실존 인물뿐 아니라 소설과 영화 속 인물을 길동무로 삼은 것은 이 때문이다.

물론 온전히 혼자서 걷지 않은 길도 있다. 까마득히 오래 전이기는 하지만 지금은 먼 여정을 떠나신 김윤식, 박완서 선생님과 함께 베이징을 걷기도 했고, 유홍준 선생님이 꾸린 중국 탐방단과 함께 항저우와 사오싱을 걷기도 했다. 시안이나 태산처럼 중국의 길에 관심을 가진 다양한 분들과 함께 걸어간 길도 있다. 그분들 덕분에 내가 홀로 걸을 때는 보지 못한 걸 볼 수도 있었다. 때로는 홀로, 때로는 다른 생각과 다른 눈을 가진 다른 사람과 같이 걸어야 하는 이유다.

지식과 정보는 넘치지만, 지혜는 부족한 시대다. 진정한 인문 여행이란 지식을 축적하는 여행길이 아니라 삶을 통찰하는 지혜를 얻는 여행길이다. 인간이 일회성 동물의 시간을 사는 듯하지만, 지고 마르고 시들었다가도 다시 잎이 나고, 꽃이 피고, 되살아나는 식물의 시간을 사는 게 인간의 삶이다. 삶의 위대함이 여기에 있다. 이 책을 통해 내가 홀로 걸었던 길에서 만난 인물들의 삶을 따라가면서 때로는 세상의 보폭으로, 때로는 자신만의 보폭으로 인간과 삶에 대해 사유할 수 있는 인문 여행이 되길 희망한다. 소설을 읽으면서, 영화를 보면서.

2008년 봄에 영화를 따라 중국을 간 기록 『중국이 내게 말을 걷다』란 책 역시 창비에서 냈다. 주로 중국이라는 나라에 관한 이야기였다. 이번에는 삶에 관한 이야기다. 여기에는 소설과 영화 속 중국인의 삶은 물론이고 중국에서 살거나 거주했던 한국인, 중국이 배경인 우리 소설 속 한국인의 삶을 망라했다. 아쉬운 것은 애초 구상했던 도시와 지역을 다 다루지 못한 점이다. 다음을 기약한다.

  5년 전에 계획했던 책을 이제야 세상에 내놓는다. 코로나 19 유행 때문이다. 인간의 삶이 이렇게 한치 앞을 모른다. 긴 시간 동안 기다려주고 여러 도움을 준 창비에 깊이 감사드린다. 창비 편집팀이 늘 그렇듯이 이번에도 기획에서부터 방향과 콘셉트까지, 세심하게 살피고 조언하고, 잘 다듬고 꾸며주었다. 그저 감사할 따름이다. 아울러 자주, 그리고 흔쾌히 내게 홀로 걷는 시간을 허락하고 응원해준 아내 혜영과 두 아들 담과 한에게도 고마운 마음을 전한다. 책을 낼 때마다 늘 그렇지만, 내 삶에 거름과 기둥이 되어주신 부모님과 형제, 내 삶의 소중한 인연인 스승과 친구, 동료와 선후배 그리고 나의 학생 여러분께 이렇게 작은 책으로나마 존경과 감사의 마음을 전할 수 있어서 다행이고 기쁘다.

2024년 덥고 습한 여름날
이욱연

| 차례 |

책머리에 • 004

베이징 1
행복한 삶의 조건

베이징의 뉴노멀 • 015
국경을 넘어 다시 태어난 짜장면 • 018
베이징의 전통 찻집 라오서차관 • 022
조국을 사랑한 라오서, 그를 버린 조국 • 026
성공의 꿈은 어떻게 좌절하는가 • 030
행복한 삶의 조건은 무엇인가 • 036
성공을 꿈꾸며 도시로 몰려드는 슬픈 현실 • 037

베이징 2
영원히 고향에 가지 못하는 사람들

걸어서 베이징에 가는 꿈 • 047
북경반점의 박완서와 김윤식 • 049
북경반점이 조선인 합숙소가 된 이유 • 052
베이징에 살던 조선인 삶의 초상 • 057
양고기 요리로 첫째가는 집, 둥라이순 • 063
그들은 왜 고향에 돌아가지 못하는가 • 067
베이징의 중축선은 천심과 민심의 선이다 • 072

홀로 중국을 걷다

상하이

삶의 경계와
허상을 넘는 욕망

화려한 혼종의 국제도시 상하이 • 079
중국에서 가장 아름다운 철교 • 083
올드 상하이의 핫플레이스 • 087
일상은 멈췄다가도 다시 흐른다 • 091
나라의 경계, 사랑의 경계 • 098
아빠가 해준 음식이 그리운 중국인 • 101

시안, 옌안

혁명으로
달려가는
지식인의 마음

시안판 삼합 요리 • 109
양고기 요리 천국인 회족거리 • 113
당나라를 세계 최고 국가로 만든 것은 무엇일까 • 116
김춘추가 신라에 당나라 색깔을 입힌 까닭 • 121
소에게 경을 읽어주려거든 이렇게 해라 • 124
혁명의 성지, 옌안의 현실을 비판한 딩링 • 128
지식인의 아픈 곳을 겨냥하는 마오쩌둥 • 134

지난

붉은 수수밭의
생명력은
어떻게 퇴화했는가

태산이 지닌 인문적 의미 • 143
격식이 까다로운 공자의 후손 산둥 사람들 • 146
민족적 자부심의 원천으로 다시 태어나는 공자 • 150
마오 시대에 공자는 왜 타도 대상이었나 • 153
붉은 고량주를 마시는 붉은 수수밭 영웅들 • 158
공자와 마오가 꿈꾸었던 이상사회 • 164
산둥 사람들이 술에 진심인 이유 • 170

사오싱

나를 보호하는
정신승리의
빛과 그늘

수묵화 한 폭의 세계, 사오싱 • 175
루쉰 생가에 서린 슬픔 • 178
함께 걸어가면 없던 길도 생긴다 • 185
정신승리의 대가 아큐가 늘 즐거운 이유 • 188
정신승리법을 쓰면서 버티는 짠한 삶 • 193
정신승리법은 아편과 같다 • 196
외상값을 남긴 채 사라진 쿵이지 • 198
술에 절인 새우 요리의 아픔 • 199

홀로 중국을 걷다

항저우

고난을 대하는
한가지 삶의 철학

판사가 노숙자에게 소설을 건네다 • 205
백범 김구의 피난지와 작가 위화 • 206
행복은 기쁨의 강도가 아니라 빈도다 • 209
운명을 친구로 삼는 삶의 철학 • 215
물처럼 바위를 넘고, 풀처럼 바람을 견디고 • 217
불평등한 삶, 황주 한잔으로 통치다 • 225
천하의 명소, 시후 산책 • 227
시후에서 목놓아 애국가를 부른 조선 청년들 • 232

하얼빈

의로움을 위해
산다는 것

궈바오러우는 하얼빈이 원조다 • 237
유럽적인 국제도시 하얼빈의 애수 • 241
러시아풍으로 복원된 오늘의 하얼빈 • 246
하얀 세계에서 밀려난 '까만 손' 아이 • 248
중국인의 일상을 움직이는 '잠규칙' • 253
하얼빈은 안중근의 도시다 • 255
동아시아의 근대 영웅 안중근 • 258
동아시아 평화 없이 한국 평화도 없다 • 262

참고자료 • 266

베이징
1

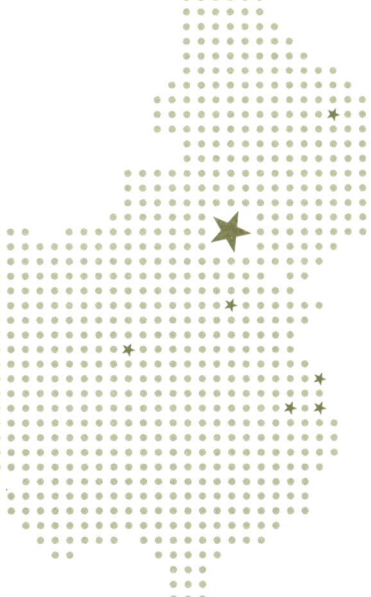

행복한 삶의 조건

베이징의 뉴노멀

 베이징北京에 오면 걷기도 하지만 자전거를 많이 이용한다. 베이징은 자전거 타기 좋은 도시다. 평지인데다가 차도와 자전거도로가 잘 분리되어 있어서다. 추억 때문이기도 하다. 1992년 중국과 수교하던 그해 12월 8일 처음 중국에 와서 2년 반을 살았다. 가로수는 지금보다 더 우거지고 차는 더 적어서 자전거 타기가 한결 좋았다. 주행 반대 방향으로 자전거를 타고 가다가 교통경찰에게 주의를 듣기도 했고, 뒷자리에 아내를 태우고 가다가 위반으로 경고를 받기도 했다.
 베이징의 봄은 황사로 힘들고, 베이징의 여름은 더워서 힘들다. 가을이 제일 좋다. 겨울은 강풍으로 매우 춥고, 무엇보다 공기질이 좋지 않다. 최근에는 베이징의 공기가 많이 좋아지긴 했지만 오늘은 아침부터 좋지 않다. 자전거 타기가 살짝 망설여졌지만, 코로나19가 유행하고 나서 오랜만에 베이징에 왔으니 자전거를 타고 베이징 시내의 변화를 느껴볼 참이다. 인도에 노란 공유 자전거가 줄지어 있다. 전에는 회원 가입 후에 보증금을 넣고 이용했는데, 이제는 알리페이를 쓰면 보증금 없이도 이용할 수 있다.

베이징은 바둑판 도시다. 바둑판처럼 네모로 구획된 도시를 동그란 순환도로가 겹겹이 휘감고 있다. 하늘은 둥글고 땅은 네모지다라는 천원지방天圓地方의 세계관을 도시 설계에 구현했다. 동서를 가르는 중심 축선을 기준으로 둘로 나누고, 땅을 네모로 구획하여 주요 시설을 동서남북에 균형 있게 배치했다. 중심을 세운 뒤 네 방향으로 균형을 추구하는 도시 구조다. 베이징은 원나라 때 일종의 신도시로 개발되었다. 이민족인 몽골족이 도시를 건설했지만, 주나라 때 규정된 수도 건설의 철학을 따랐다. 내가 묵고 있는 호텔은 베이징의 중심 대로인 장안대로 동쪽에 있다. 이 길을 따라 쭉 서쪽으로 일직선으로 베이징을 횡단할 셈이다. 왕푸징王府井 입구를 지나고 베이징 호텔을 지나자, 길에 무장 경찰과 특수 경찰이 늘어난다. 톈안먼天安門 광장은 예약해야 들어갈 수 있다. 자금성紫禁城인 고궁 관람도 그렇다. 코로나19 유행 이후에 바뀌었다.

톈안먼 길목에 이르렀을 때, 경찰이 내가 탄 자전거를 막아 세운다. 다른 중국인은 그냥 지나가는데 나만 붙잡는다. 신분증을 보이란다. 외국인인 티가 나나? 여권을 내보이면서 그래도 좀 덜 무서워 보이는 경찰에게 (속으로는 따지는 투로) 물었다.

"왜 저 사람은 신분증 보여주지 않고 그냥 가요?"

경찰이 여권에만 눈길을 주면서 말한다.

"저 사람 자전거는 자기 거여서요."

내가 탄 자전거는 내 것이 아니라 공유 자전거여서 나를 잡은 거란다. 중국은 자전거도 자동차처럼 등록한다. 그래서 자기 자전거를 타고 가는 사람은 굳이 신분을 확인할 필요가 없고, 나처럼 공유 자전거를 타는 사람은 신분 확인이 필요하다는 거였다. 그러고 보니 내 뒤로 오는 노랑이 공유 자전거를 탄 사람은 모두 세웠다. 물어보지 않았으면 외국인을 차별한다고 생각할 뻔했다.

다시 자전거를 타고 톈안먼 광장에 이르렀다. 오랜만에 톈안먼을 배경으로 기념사진을 찍으려고 잠깐 멈추자 바로 경찰이 다가와서 가라고 한다. 멈추면 안 된다고. 분위기가 그럴 것 같긴 했다. 코로나19 유행 이후에, 그리고 시진핑習近平 시대에 달라진 베이징의 뉴노멀new normal이다. 일상의 통제는 늘었고, 어디서든지 무엇을 하든지 실명을 확인한다. 안면 스캔도 훨씬 늘었다. 통제를 강화하면 범죄는 줄어들 수 있겠다.

국경을 넘어 다시 태어난 짜장면

톈안먼을 지나 왼쪽으로 접어들어 첸먼前門 앞 거리에 왔다. 서울 남대문 근처에 큰 시장이 있듯이 베이징에도 톈안먼 광장 남쪽에 속칭 첸먼이라고 불리는 정양문正陽門 앞에 큰 시장이 있었다. 이제 시장은 사라졌지만 옛 베이징의 정취를 느낄 수 있는 곳이다. 골목마다 베이징 고유의 특색 있는 음식점과 기념품점이 늘어서 있다. 이 거리에 가득한 식당이 내건 메뉴를 보면 베이징을 대표하는 전통 음식이 무엇인지 짐작할 수 있다. 식당 유리창에 가장 많이 적힌 음식은 두가지다. 영어로 페킹 덕이라고 하는 오리구이 요리인 카오야烤鴨하고, 베이징 전통 짜장면이다. 오리구이 요리 카오야는 아무 데서나 먹는 요리가 아니다. 오랜 시간 동안 겉은 바삭하면서도 속은 부드럽고 촉촉하게 잘 굽는 고급 기술이 필요해서다.

하지만 짜장면은 어디서나 먹을 수 있는 서민 음식이다. 베이징에서 짜장면 앞에는 흔히 '베이징 전통 짜장면'이라는 의미로 라오 베이징老北京이라는 수식이 붙는다. 오늘 점심 메뉴는 짜장면이다. 짜장면이 베이징 전통 요리라고 하면 수긍이 가지 않을 것이다. 맞다. 원래 산둥山東 요리라는 주장도 있다. 짜장면만 그런 게 아니라 베이징 요리가 대부분 그렇

베이징의 서민 음식 짜장면(炸醬麵)

다. 베이징 요리는 오랫동안 수도였던 베이징의 역사답게 여러 지방의 요리가 섞였다. 짜장면도 그렇게 베이징 서민 음식이 되었다.

짜장면을 주문하고, 한자로 두즙豆汁이라고 쓰는 더우즈도 한그릇 시켰다. 더우즈는 콩국을 발효한 것으로, 역시 베이징 전통 음식이다. 발효 음식답게 냄새가 고약하다. 살짝 한 모금만 마셨는데도 고린내가 입안에 가득 퍼진다. 짜장면이 나왔다. 서민 요리답다. 재료가 간단하다. 순무채와 오이채, 콩나물, 메주콩, 그리고 생마늘이 같이 나오고, 춘장이 따로 나왔다. 이렇게 베이징 짜장면은 생채를 취향껏 장에 비빈다. 생마늘은 면을 먹으면서 같이 먹는다. 나는 생마늘만 빼고 다 넣어 비볐다. 우리 짜장면에 비해서 짜고, 고소한 맛이 없다. 춘장 소스에 고기도 거의 없다.

중국 짜장면은 우리나라에 건너와 다시 태어났다. 우리 짜장면이 중국 짜장면보다 춘장이 덜 짜고, 더 달며, 더 고소하고, 영양이 더 풍부하다. 중국에서나 우리나라에서나 서민 음식이라는 건 여전하다. 그런데 짜장면은 맛도 재료도 달라졌다. 그렇게 달라져서 한국인 누구나 가장 좋아하는 음식이 되었다. 미국 하버드대학에 방문 교수로 가서 한국식 중국집이 없는 보스턴에서 1년 살 때, 제일 먹고 싶었던 게 짜장면이었다. 김치찌개는 집에서도 만들어 먹을 수 있는데 짜장면은 어려웠다. 중국 음식인 짜장면이 한국에 들어와서 한국인이 가장 즐기는 음식이 된 건 한국인 입맛에 맞추어 다시 태어났기 때문이다. 짜장면의 한국화다. 한국 짜장면에는 고기도 많고 양파도 많으며, 짜장과 생채소를 비비는 게 아니라 채소를 짜장과 함께 볶는다. 돼지고기도 기름에 튀기듯이 볶는다. 이 과정에서 불맛이 한몫 단단히 하는 게 중국 짜장면과 다른 점이다. 더구나 한국 짜장면은 원래 일본에서 유래한 단무지와 같이 먹어야 제맛이다. 짜장면 한그릇에 한중일 문화가 다 섞여 있다.

이런 한국 짜장면 맛에 빠진 중국인들이 많다. 짜장면은 중국에서 한국으로 건너와 거듭 태어나면서 더 많은 사람이 즐기게 되었다. 중국의 경계를 넘어 훨씬 보편적인 음식이 된 것이다. 한국 짜장면은 한국 문화의 개성을 상징한다. 다른 나라의 문화를 수입해 한국적인 것을 가미하여 더 많은 사람이 즐기는 보편적인 것으로 만드는 문화적 역량이 한국에 있다. BTS의 음악을 두고 미국 흑인 음악에서 크게 영향 받았다고 지적하기도 하지만, 중요한 것은 그런 영향과 기원 자체가 아니다. 중요한 건 다른 나라 문화에서 가져온 것을 가공하여 독특한 색깔을 입히고 보편적인 것으로 만드는 문화적 창조력이다. 세계인이 좋아하는 우리의 케이팝이나 영화, 드라마의 힘은 한국 문화의 이런 개성과 힘에서 온다. 짜장면이 그렇듯이 문화는 늘 끊임없이 국경을 넘어 흐르고, 그러는 과정에서 다시 태어난다. 문화에서 중요한 것은 기원이 아니라 창조력이다.

원론적으로 보더라도 원래 순수한 문화란 없다. 문화는 늘 국경을 넘어가고, 그렇게 뒤섞이는 과정에서 새로운 것이 탄생한다. 중국 문화만 하더라도 중국 문화라고 내세우는 많은 것들이 서북방 이민족과 아랍, 중앙아시아 국가에서 기원한 게 얼마나 많은가. 중국 음식인 마라탕 재료만 해도 오래전 중국 밖 서역西域 지역에서 온 것이다. 중국 음식만 그런 게 아니다. 우리의 고유한 음식의 상징인 김치도 그렇다. 고추가 조선시대에 수입되면서 지금과 같은 붉은 김치가 탄생하지 않았는가. 문화란 원래 그런 것이다. 중요한 것은 다른 나라 문화를 수입하는 데 그치지 않고, 수입한 문화에 자신의 개성을 담아 다시 새로운 것을 만들어내는 역량이다. 즉 모방에 머물지 않고 짝퉁 단계를 넘어서는 역량이 있는지가 중요하다. 한국이 중국 문화를 수용했다고 해서 기죽거나 자존심 상할 이유가 없는 것은, 짜장면처럼 한국의 개성을 담아 더 많은 사람이 좋아하는 것으로 만들었기 때문이다. 단무지도 없이 짜디짠 베이징 전통 짜장면을 먹으면서 새삼스럽게 한국 문화의 개성과 힘을, 그리고 한중 문화 갈등에 우리가 어떻게 대처해야 할지를 생각한다.

베이징의 전통 찻집 라오서차관

음식점에서 나와 다시 공유 자전거를 타고 차도 마실 겸, 이제는 베이징 유명 관광 코스의 하나가 된 전통 찻집 라오서차관老舍茶館으로 방향을 잡았다. 골목을 나와 왼손을 들고 좌회전 신호를 하는 순간 오토바이가 빠르게 스쳐 지나간다. 자칫 부딪힐 뻔했다. 베이징에서 자전거 탈 때, 전보다 훨씬 신경이 쓰인다. 예전에는 자전거만 다니던 길이지만, 지금은 자전거보다 오토바이가 더 많이 다닌다. 모두 배터리를 쓰는 전동 오토바이여서 소리가 적다. 뒤에서 치고 나올지 몰라 긴장한 채 오른쪽으로 바싹 붙어서 간다. 베이징은 물론이고 중국 어디든 배달 오토바이 천국이다. 그만큼 배달 문화가 유행이다. 식당가 앞에는 대기하는 배달 라이더가 가득하다. 호텔 로비에도 아예 배달 음식을 놓는 테이블이 있다. 배달 경쟁이 치열해서 심지어 배달하고 가면서 가정집 쓰레기까지 버려주기도 한다.

낮이라 그런가, 라오서차관이 한적하다. 서양인 관광객에게 더 유명한 곳인데, 코로나19 이후 서양인 관광객이 줄어서 그런 듯하다. 차와 베이징 전통 다과가 함께 나오는 세트를 주문했다. 라오서차관은 베이징 전통 찻집을 재현했다. 차를 마시면서 경극 한 대목이나, 우리 만담과 비슷한 샹성相聲, 그리고 사각 나무로 박자를 맞추면서 타령을 읊는 쾌판快板 같은 전통 예술을 조금씩 감상할 수 있다. 베이징에는 외국인을 위해서 영어 자막도 제공하는 경극 전문 극장도 여러 군데 있지만, 경극에 어지간한 소양이 있지 않는 한 경극을 끝까지 보기란 쉽지 않다. 외국인이 베이징의 전통 공연 예술을 맛보기에는 라오서차관이 제격이다. 실내 장식도 예스럽다. 다만 가격이 조금 사악하다.

라오서차관은 작가 라오서老舍(1899~1966)가 쓴 희곡 『찻집茶館』(1957)에서 따온 것이다. 라오서는 베이징을 상징하는 작가다. 만주족 출신인 그는 베이징에서 태어나고 자라서 베이징어를 가장 잘 구사한 작품을 썼다. 중국 소설가 중에서 내가 가장 좋아하는 작가 중 한 사람이다. 소설 쓰는 재주는 루쉰(魯迅)보다 낫다고 평가하는 사람도 있다. 한살 때 아버지가 돌아가시고 홀어머니와 함께 너무도 가난한 환경에서 자랐다. 가난한 삶이 무엇인지, 가난이 사람을 얼마나 황폐하게 만드는지 가장 잘 아는 작가다. 대학원생 시절, 한 출판사의 의뢰로 그가 쓴 중편소설 「초승달(月牙兒)」(1935)을 번역한 적이 있다. 소설 문체는 시골 들판에 뜬 초저녁 초승달 달빛처럼 더없이 서정적인데, 소설 속 현실은 동짓달 서리보다 더 시리다. 비극적 삶과 현실을 서정적 문체로 담아낸 탁월한 작품이다.

「초승달」은 홀몸인 어머니와 딸이 가난한 환경 속에서 힘든 삶을 사는 이야기다. 엄마는 생계와 딸의 교육을 위해서 온갖 궂은일을 하다가 결국에는 몸을 판다. 학교에서 공부하던 딸도 결국은 가난의 올가미에서 벗어나지 못하여 엄마의 운명을 따라서 몸을 판다. 가난의 유전, 운명의 유전이다. 몸을 팔다가 더는 몸을 팔 수 없을 정도로 몸이 망가진 딸 앞에 몸을 팔다가 늙고 병든 엄마가 나타난다. 엄마를 내칠 것인가? 세파에 시달려 모질어진 엄마가 손님을 끌고, 딸은 몸을 판다. 이슬람교에서 초승달은 신성한 진리를 상징한다. 하지만 이 소설에서 초승달은 어둠에 이내 묻혀버릴 가녀린 두 모녀의 운명을 상징한다. 가난이 그렇게 운명처럼 유전되었고, 두 모녀의 삶은 결국 초승달처럼 어둠에 스러진다.

소설 속 인물만이 아니라 작가 라오서의 삶도 비극이었

베이징을 상징하는 작가 라오서

다. 학비가 무료인 베이징사범대학을 나와서 교사와 장학사를 하던 라오서는 영국 런던대학에 가서 중국어를 가르친다. 런던에서 작가로 화려하게 출발하면서 새로운 삶을 산다. 중국에 돌아와서는 산둥대학 교수를 지내기도 한다. 칭다오靑島에서 살 때는 그의 대표작 『낙타 샹즈駱駝祥子』(1937)를 써서 중국을 넘어 세계문단에 그의 존재를 알린다. 1946년 라오서는 미국 국무부 초청으로 미국에 간다. 중국에 사회주의 정권이 들어선 1949년 10월 그는 미국에 있었다. 사회주의 정부가 들어서자 어떤 이는 중국을 떠나 서양으로 가고, 어떤 이는 홍콩으로 가기도 했다. 해외에 체류하던 이들 가운데 어떤 사람은 귀국했고, 어떤 사람은 귀국을 포기했다. 라오서는 미국에서 망설였다. 라오서는 일본 침략을 비판하는 등 항일에는 관심이 있었지만, 사회주의 혁명에 동참한 사람은 아니었다. 그런데 친한 친구들의 편지를 받고 귀국하기로 결심한다. 라오서는 새로운 조국에 희망을 걸고 중국에 돌아오는 선택을 한 것이다. 사회주의 중국에서 인민예술가라는 칭호를 얻고, 작가협회 부회장, 중국문학예술계연합회 회장을 맡기도 했다. 그런데 1966년 문화대혁명이 일어나고, 그해 붉은 여름에 그는 자살한다. 라오서가 미국에 그대로 남았다면 어떻게 되었을까? 삶이, 운명이 이렇게 한순간의 선택으로 갈린다.

조국을 사랑한 라오서, 그를 버린 조국

베이징의 여름은 습도가 낮으면서 덥다. 북방의 여름답다. 그래서 집 안이나 그늘에서는 견딜 만하다. 그런데 1966년 여름의 베이징은 날씨가 아니라 붉은 혁명의 열기로 뜨거웠다. 어디나 뜨거웠다. 열기는 광기가 되어 베이징을 달궜다. 그리고 그 붉은 광기의 화염에 휩싸인 작가 라오서는 호수에 몸을 던져 삶을 마감한다. 그해 여름 그에게 무슨 일이 일어났는가? 낡은 문화와 습관, 사상, 도덕을 타도하고 사회주의 문화와 습관, 사상, 도덕을 지닌 새로운 인간을 만들어, 그런 인간으로 이루어진 사회주의 새 세상을 만들자고 대학생이 일어났다. 문화를 혁명적으로 바꾸고, 인간을 개조하여 사회주의 인간으로 새롭게 창조하자는 문화대혁명이 일어난 것이다. 대학생에서 시작한 이 운동은 중고등학생으로 번졌고, 심지어 초등학생까지 나섰다. 이들이 바로 붉은 혁명의 수호자를 자처하는 홍위병이다. 지식인과 교수, 선생, 작가, 문화계 종사자, 특히 이들 직종의 고위직 인물이 타도의 대상이 된 것은, 이들이 원래 문화를 생산하고 계승하고 전파한 사람들인 까닭이다. 문혁에 참여한 홍위병 청년의 눈에 이들은 그저 낡은 문화에 젖어 새로운 사회주의 문화를 가로막는 타도의 대상이었다. 대학에서는 총장과 교수가, 초중등학교에서는 교장과 선생이, 문화예술계에서는 작가와 예술가가 그 대상이 되어 비판받았다. 자기 학생과 제자에게 반동분자라고 비판받고, 창피를 당하고, 맞기까지 했다.

넷플릭스 시리즈 「삼체」(2024)에는 그런 전형적인 비극이 시리즈 시작에 등장한다. 「삼체」에서 지구는 더는 구원의 가망이 28없다고 여기는 양원제가 삼체의 신호에 응답하면서 지구의 비극이 시작된다. 양원제가 지구에 절망한 계기가 바로 문혁 체험이었다. 물리학자이자 칭화대 교수였던 그의 아버지가 자본주의 이론에 심취했다는 이유로 비판당한다. 그를 고발한 사람이 그의 딸이었고, 그를 비판하면서 가죽 벨

트로 때려 죽음에 이르게 한 사람이 그의 제자였고, 남편이 자본주의 첩자라고 비판한 사람이 그의 아내였다. 이런 문혁은 그녀가 지구라는 별에 사는 인간에게 치욕을 느끼고, 지구인에게 절망하는 계기였다.

라오서가 겪은 문혁도 참혹했다. 그는 유명한 작가일 뿐만 아니라 인민영웅 칭호까지 받은 거물이었고, 문화예술계 지도자였다. 붉은 광기가 한창 불을 뿜던 1966년 8월 23일은, 라오서가 몸이 좋지 않아서 입원해 있다가 퇴원한 다음 날이었다. 그는 회장으로 있는 베이징문화예술계연합회 사무실에 나갔다. 나중에 그의 부인의 회고에 따르면, 문혁이 일어나자 라오서는 흥분했고, 문혁의 조류에서 낙후될 수 없다면서, 집에서 쉬라는 만류를 뿌리치고 사무실로 나갔다.

그런데 그를 맞이한 것은 '비투批鬪'라는 비판투쟁 대회였다. 그는 폐 질환으로 입원해 있어서 청년들이 무엇을 하는지 몰랐고, 그만큼 순진했고, 아무런 마음의 준비가 없었다. 그날 오전에는 유명 작가 샤오쥔蕭軍이 비판투쟁의 제물이 되었고, 라오서는 오후에 다른 작가 23명과 함께 비판받았다. 이들 작가를 비판하고 단죄한 사람은 여중생들이었다. 이들은 라오서와 동료 작가를 낡은 문화의 상징인 공자를 모시는 사당으로 끌고 가서 비판투쟁을 이어갔다. 그의 목에는 반동적인 학술 권위자라고 적힌 나무가 걸렸다. 함께 비판받던 한 동료 작가는, 라오서가 책 판권을 미국에 팔려고 했고, 달러에 침을 흘렸다고 홍위병에게 라오서의 '추악한 반동 행위'를 고발하기도 했다. "타도 라오서!" "타도 반동 학술 권위자!"라는 구호가 넘쳤다.

라오서는 맞아서 머리가 깨졌고 피가 흘렀다. 함께 끌려간 문화국 직원이 라오서를 보호하려고 애를 썼지만, 홍위병 청년을 당해낼 수 없었다. 구호와 노래와 격정으로 들끓은 비판투쟁 대회가 끝나고, 홍위병은 라오서의 반동 행위를 조사해야 한다면서 파출소로 보냈다. 밤에 파출소로부터 전화를 받은 라오서 가족이 파출소에 가서 온몸이 피투성이인 라오서를 부축하고 집으로 돌아왔다. 그리고 그다음 날인 1966년 8월 25일 오후 라오서 가족은 다시 파출소 전화를 받는다. 타이핑호太平湖에 얼른 가보라고. 라오서는 태평무사를 기원하는 이름을 지닌 이 호수에 몸을 던져 삶을 마감했다.

라오서는 왜 스스로 삶을 마감했는가? 라오서는 유서 한 장 없이 갔다. 많은 이들은 라오서 작품에 등장하는 강직한 인물이 불행하게 스스로 생을 마감하는 걸 예로 들면서 그가 비판투쟁에서 당한 치욕 때문에 목숨을 끊었다고 말한다. 선비는 죽일지언정 욕보일 수는 없다(士可殺不可辱)는 말을 들어 라오서가 당한 치욕이 그를 죽게 했다는 것이다. 어떤 이는 라오서에게는 달리 삶의 길이 없었다고 진단하기도 한다. 새로 탄생한 사회주의 중국에서 라오서는 누구보다도 열심히 국가사업에 동참했다. 심지어 유명한 평론가인 후평胡風을 우파이자 반혁명 집단으로 지목하여 감옥으로 보내는 일에 동참해 서명하기도 했다. 이런 그를 보고 몇몇 동료가 걱정하면서 물었다. 괜찮으냐고. 라오서는 괜찮다고 대답했다. 하지만 사실 그는 1963년 무렵부터 글을 쓰지 못하고 있었다. 괜찮은 게 아니었다. 라오서는 크게 보면 사회주의자라기보다는 자유주의자였고, 무엇보다 애국주의자였다. 어떻게든 자신을 바꾸어가면서 새로운 사회주의 조국에 적응하고 헌신하려고 애를 썼다. 그의 생각과 조국의 현실 사이의 거리는 점점 벌어졌고, 그가 기대를 걸었던 사회주의 조국은 갈수록 사상의 품이 좁아지면서 사람들을 갈라쳤다. 그러던 중 문혁이 일어나면서 그의 조국은 그를 삶의 막다른 곳으로 내몰았다. 문혁이 끝난 뒤, 라오서만큼 치욕을 당하고 비판받았지만 그래도 삶을 포기하지 않았던 유명 작가 바진巴金은 라오서의 죽음을 추모하는 글에서 라오서 희곡 『찻집』의 등장인물이 하는 말이 라오서의 유언이라고 말했다. "나는 우리 조국을 사랑한다. 그런데 나는 누가 사랑해주는가?" 라오서는 그의 조국을 사랑했다. 하지만 그의 조국은 그를 버렸다.

성공의 꿈은 어떻게 좌절하는가

조국에 배반당한 작가 라오서의 대표작은 『낙타 샹즈』다.

샹즈는 베이징을 누비는 인력거꾼 이름이고, 낙타는 그의 별명이다. 지금은 배달 오토바이가 베이징 거리를 누비지만, 근대 초기에는 인력거가 베이징을 누볐다. 인력거가 처음 베이징에 나타났을 때, 그 이름은 양차洋車였다. 인력거라는 말은 훗날 일본어에서 왔다. 말이 사람을 태우고 달리는 것이 아니라 사람이 사람을 태우고 달리는 이 기묘한 이동 수단은 양차라는 말에서 짐작할 수 있듯이 서양에서 들어온 근대를 상징하는 최신 문물이었다. 베이징에 근대의 물결이 밀려들 때, 이런 신문물로 부자가 되겠다는 꿈을 꾼 인력거꾼 청년이 있었다. 베이징 드림을 꿈꾼 이 청년이 샹즈다.

시골에서 농사짓던 그는 왜 베이징에 왔는가? 이 질문은 샹즈에게만 해당하는 게 아니다. 근대화와 더불어 고향 시골을 떠나 도시로 간 수많은 사람에게도 해당하는 질문이다. 근대 자본주의 세상으로 바뀌고 도시가 탄생하면서 많은 사람이 시골 고향을 떠나 도시로 향했다. 돈을 벌기 위해서, 공부를 하기 위해서. 나도 그중 한 사람이다. 샹즈는 그렇게 성공을 위해서 시골을 떠난 이들의 상징이다.

샹즈는 베이징에 오자 베이징에 입을 맞추고 싶을 정도로 황홀경에 빠진다. 그에게 베이징은 "사랑스러운 땅, 은전을 생산하는 땅"이자, "부모 형제도 없고 친척도 없는 그에게 유일한 친구"이고, "그에게 모든 것을 주"는 곳이다. 이뿐인가. 베이징에는 "볼 것도 있고, 들을 것도 있고, 어딜 가나 화려한 빛깔이 있고 어딜 가나 소리가 있"으며, "열심히 품만 팔면 되고, 이곳에는 셀 수 없을 만큼 많은 돈이 있고, 다 먹지도 다 입지도 못할 온갖 다양한 좋은 것이 모두 있"는 곳이다.

이렇게 황홀한 베이징에서 영원히 살기 위해 그는 인력거를 택한다. 자신의 건강한 몸을 믿었다. 몸과 체력 하나는 자신이 있어서였다. 더구나 그는 근검절약의 화신이었다. 담배도 피우지 않고 술도 마시지 않고, 다른 인력거꾼들처럼 도박도 하지 않았다. 오히려 근검절약이 지나쳐서 인색할 정도다. 다른 사람에게 차 한잔, 밥 한끼 사지 않는다. 그러다보니 그에게는 친구가 없다. 오직 돈 벌어 성공할 꿈을 꾸면서 산다. 이렇게 악착같이 일하면 길이 보인다고 생각한다. 하루에 10전씩 남겨서 1,000일 동안 일하면 100위안짜리 인력거를 살 수 있다고 계산한다. 이렇게 꼼꼼하게 셈을 하면서 미래를 설계한다.

그는 하나에 하나를 더하면 둘이 되는 세상에 믿음을 가졌다. 세상이 그렇게 합리적인 원리에 따라 움직인다고 굳게 믿었다. 이런 믿음은 세상에 자본주의라는 체제가 출현하면서 사람에게 생긴 믿음이다. 성실하게 일하고 아껴서 돈을 착실히 모으면 티끌이 태산이 될 수 있다는 믿음이다. 자본주의 세계를 사는 호모 에코노미쿠스의 믿음이다.

샹즈의 그런 믿음과 꿈은 이루어진다. 원래 계획대로 3년

베이징의 인력거

만에 인력거를 산 거다. 그는 얼마나 기뻤던지, 이날을 자기 생일로 삼는다. 이렇게 불행 끝 행복 시작이었으면 좋으련만, 그가 산 인력거는 허무하게 사라져버린다. 당시 중국은 혼란기였다. 청나라가 무너진 뒤 나라를 차지하기 위해서 서로 싸우던 때였다. 이런 혼란한 시대에 그는 군부대에 끌려가서 인력거를 잃는다. 그나마 다행인 것은 인력거는 빼앗겼지만, 군부대에 있던 낙타 세마리를 몰래 끌고 나온 거였다. 이때부터 사람들이 그의 이름 앞에 낙타를 붙인다. 고단한 짐을 진 채 막막한 사막을 가는 낙타의 삶이 그의 삶과 닮았다.

샹즈의 삶은 인력거를 사기 위해서 돈을 벌고, 돈을 모아 인력거를 사고, 하지만 인력거를 다시 잃거나 파는 과정을 반복한다. 자기 인력거를 갖는 것만이 그의 "소원이자 희망이자 종교"여서, 그는 인력거가 사라지는 좌절 속에서도 다시 힘을 내서 인력거를 끈다. 하지만 세상이 그를 도와주지 않는다. 자기 방의 항아리에 고이 모아둔 돈을 고약한 사복 형사에게 뜯기기도 하고, 아내 장례비를 마련하느라 인력거를 팔기도 한다. 그에게 인력거는 영원히 손에 잡히지 않는 신기루였다. 그는 좌절하고 절망하여 더는 인력거를 가질 꿈을 꾸지 않는다. 나아가 인력거 하나 갖는다고 해서 인생이 크게 달라지지 않는다는 것을, 다른 인력거꾼의 삶을 보면서 깨닫는다. 그래서 그는 이제 희망도 포기하고, 성실함도 근검절약도 포기한다. 인력거 손님을 속이기도 하고, 남의 손님을 가로채기도 하고, 돈에 눈멀어 은인을 팔기도 한다. 술과 담배를 입에 대고, 도박도 하고, 다른 사람을 속이면서 살겠다고 작정한다. 몸은 병들고 정신은 타락했다. 인색하긴 해도 착했던 그는 이기적이고 파렴치한 인간으로 변했다. 그는 이렇게 항변한다. "나라고 노력 안 해본 줄 알아? 그래봤자 털끝만치도 남은 게 없잖아." 그야말로 몸과 영혼을 갈아 넣으면서 열심히 살았어도 그의 삶은 변한 게 없다. 그래서 그는 자신이 아무리 노력해도 나아질 수 없는 신세일 뿐이라는 운명론적 체념에 빠진다. 멀리 뛸 수 있을 것 같지만 아이에게 붙잡혀서 실에 묶인 채 꼼짝하지 못하는 메뚜기 같은 신세라는 것이다. 그러니 이제 더는 노력하지 말고 되는 대로 대충 목숨만 부지하며 살고자 작정한다. 소설에서 작가는 이런 샹즈의 비극적 말로를 두고 문화의 도시 베이징에서 인간이었던 그는 짐승이 되었다고 말한다.

성공의 꿈을 안고 희망에 넘쳐 베이징에 온 샹즈는 왜 이렇게 짐승으로 전락했을까? 나라가 혼란스러웠던 게 큰 이유다. 권력을 차지할 생각만 할 뿐, 백성의 삶에는 관심 없는 정치인들 때문에 나라가 혼란스러웠다. 나의 온전한 삶을 위해서도 나라를 바로 세워야 한다는 것을 샹즈의 비극이 말해준다. 이렇게 본다면 샹즈는 시대의 희생자다.

물론 샹즈에게도 책임이 있다. 돈의 생리를 몰랐다. 샹즈는 노력과 근검절약으로 돈을 모아 인력거라는 확실한 자기 재산을 마련하면, 그야말로 자본주의 사회에서 생존할 수 있는 확실한 생산수단이 생기면, 자기 삶이 다른 사람에게 지배당하지 않고, 더 자유로운 삶을 살 수 있다고 믿는 전형적인 호모 에코노미쿠스였다. 이런 그의 꿈을 실현하기 위해서는 돈의 생리를 알아야 하는데, 그는 오직 부지런히 노동하고 돈을 아끼는 것만 알았다. 남들은 은행에 돈을 맡겨서 돈이 돈을 벌게 할 때, 그는 번 돈을 방에 숨겨두다가 그것마저 다른 사람에게 털렸다. 돈으로 돈을 불리는 게 노동으로 돈을 모으기보다 쉽다는 걸 몰랐다. 물론 돈을 불릴 수 있는 씨

앗이 될 최소한도의 종잣돈도 모으지 못했다. 그는 오직 노동의 힘과 자신의 순수함을 믿으면서 다른 사람은 몰라도 자신만은 밑에서부터 위로 올라가서 성공할 것이라 믿었지만, 현실에서 그것은 불가능한 꿈이었다. 노력과 돈이 비례한다고 생각했지만, 현실에서 돈은 노력보다 권력이나 타고난 배경, 위선과 사악함에 비례했다. 샹즈는 이것을 몰랐다.

행복한 삶의 조건은 무엇인가

샹즈의 삶은 결국 파탄 났다. 그는 짐승처럼 되었다. 그런데 만약 그가 바람대로 자기 인력거를 가졌으면 행복한 삶을 살았을까? 그랬을 수 있다. 하지만 얼마 동안만 그랬을 것이다. 행복심리학자 서은국은 말한다. 행복은 아이스크림 같은 것이라고. 아이스크림은 잠시 입을 즐겁게 하지만 결국은 녹는다. 행복 공화국에 녹지 않는 아이스크림은 없다. 물질이 주는 행복에 인간은 빠르게 적응한다. 좋은 가방, 좋은 집, 좋은 차를 새로 가졌을 때 느끼는 행복감도 어느 순간이 지나면 평범한 것이 되는 우리 삶의 경험이 그것을 입증한다. 좋은 가방이나 좋은 차와 같은 물질이 주는 행복보다는 사람이 주는 행복이 더 오래간다. 하지만 샹즈는 오직 물질이 주는 행복만을 추구했다. 그는 그것을 위해서 사는 삶을 택했고, 그에게는 친구도 사랑하는 사람도 곁에 없었다. 평생 고독했다.

행복한 삶을 살아가는 데 돈은 중요한 토대다. 돈으로 자유를 살 수는 없지만 돈이 없으면 자유로운 삶을 영위할 수 없기 때문이다. 맹자의 말대로 장기적으로 자기 것인 일정한 재산을 뜻하는 항산恒産이 있어야 너그러운 마음인 항심恒心이 나온다. 그런데 항산이 있다고 해서 모두가 행복한 삶을 사는 것은 아니다. 사람은 어쩔 수 없이 다른 사람과 어울려 살고, 다른 사람과 관계를 맺으며 산다. 사람이 있어야 삶이 행복하다. 내 곁에 사람이 없고 외로우면 좋은 가방도, 좋은 차도 소용이 없다. 그런데 샹즈는 삶의 이런 행복의 이치를 몰랐다. 그래서 그는 인간에서 짐승으로 추락했다. 성공도 하지 못하고 사람도 잃은 채 고독한 짐승이 되었다.

그런데 샹즈 인생의 실패담이 먼 과거의 이야기일까? 저마다 나름의 성공을 꿈꾸며 각자도생하면서 단단한 나만의 성에 갇힌 채 호모 에코노미쿠스로서 자본주의 세상을 사는 오늘 우리의 모습은 샹즈와는 다른가, 아니면 닮았는가?

성공을 꿈꾸며 도시로 몰려드는 슬픈 현실

중국 현대사에서 샹즈 같은 사람은 한동안 찾아볼 수 없었다. 마오쩌둥毛澤東 사회주의 시대(1949~76)에는 농촌에서 도시로 마음대로 이동하는 게 불가능했다. 사회주의 정부가 들어선 뒤, 중국은 호적에 따라 인민을 둘로 나누어, 농촌 호적과 도시 호적 중 하나만 가질 수 있었다. 농촌 호적을 지닌 사람은 군에 입대하거나 대학 입시, 직장 배치 등 특수한 사정에 따라 정부의 허가를 받지 않으면 도시로 이동할 수 없었다. 농촌과 도시를 철저히 분리한 것이다. 한정된 자원을 도시에 집중하여 도시 위주로 발전을 꾀하는 전략이었다. 많은 인구가 도시로 몰리면 복지를 제공하기 어렵고, 일자리를 제공하는 것도 힘들어지는 문제를 막으려는 조치이기도 했다. 중국 혁명은 원래 농촌으로 도시를 포위하는 전략으로 성공했다. 중국공산당의 뿌리가 농민과 농촌이다. 그런데 이렇게 농민의 지지와 투쟁으로 탄생한 사회주의 정권이 역설적으로 농민을 농촌에 가두고 농촌을 차별한 것이다. 이런 호적제도는 지금도 남아 있다. 다소 완화되기는 했지만.

그런데 1978년 이후 중국이 개혁개방 정책을 채택하고, 1992년부터 사회주의 시장경제가 도입되면서 많은 농촌 사람이 호적의 규정을 무시하고 도시로 향했다. 가난한 농촌을 떠나 돈을 벌기 위해서 도시로 몰려들었다. 사라진 샹즈의 후예들이 다시 나타난 것이다. 물론 불법이었지만 정부는 묵인했다. 도시는 경제개발을 위한 값싼 노동력이 필요했고, 농민은 돈이 필요했기 때문이다. 도시의 공장, 건설 현장, 식당, 가게 등에는 농촌에서 온 사람이 넘쳤다. 이른바 농민공이라는 이름의 농민 노동자였다. 이들은 중국이 지금처럼 경제대국으로 성장하는 데 큰 몫을 담당했지만, 아무런 법적 권리도 보장받지 못했다. 돈이 있어도 도시 호적이 없어서 집을 살 수가 없고, 자식도 학교에 보낼 수 없어서 시골에 남겨두어야 했다. 의료보험 혜택을 받지 못해서 병원비도 비싸게 냈다. 우리 쪽방촌과 판잣집 같은 곳에 살면서 도시의 밑바닥에서 죽어라 일하며 돈을 벌었고, 그러다가 다치기도 하고 죽기도 했다.

영화 「먼 훗날 우리後來的我們」(2018)는 중국에 다시 등장한 샹즈의 후예 이야기다. 농민공 이야기는 아니고, 시골 출신 청년 남녀가 등장한다. 배경은 2007년부터 2018년 사이 중국이다. 이 시기는 중국이 거침없이 성장하던 때다. 샹즈와 다른 것은 이들에게는 그래도 기댈 친구가 있다. 남자 주인공과 여자 주인공은 같은 중국 동북부 헤이룽장성黑龍江省의 한 시골 출신이다. 2007년 설을 쇠기 위해 시골로 가는 기차에서 만났다. 남자 주인공은 베이징에서 대학에 다니고, 여자 주인공은 고등학교를 고향에서 마치고는 베이징에 돈을 벌기 위해서 왔다. 여자 주인공 역은 보기만 해도 연민이 일고 보호본능이 샘솟는 배우 저우둥위周冬雨(주동우)다.

영화는 2007년부터 2018년까지 설날 전후 두 사람의 삶을 현재와 과거, 그리고 베이징과 두 사람의 시골 고향 마을을

영화 「먼 훗날 우리」 포스터

오가면서 보여준다. 2007년 설에 고향 가는 기차에서 우연히 만났던 두 사람은 10년이 지난 2018년 설에는 고향에서 베이징 가는 비행기에서 만난다. 그 10년 사이 두 사람에게는 무슨 일이 있었는가?

두 사람은 성공의 기회가 널려 있다는 베이징에서 온갖 노력을 다하지만, 돈은 늘 그들을 비켜간다. 하지만 포기하지 않는다. 남자 말처럼 베이징에 사는 건 도박 같아서 돈을 잃어도 또 기회가 생기기 때문이다. 처음에는 여자가 살 곳이 없어서 함께 살았지만, 나중에서 둘이 사랑해서 동거한다. 하지만 시간이 흘러도 앞은 보이지 않고, 결국 둘은 다투고 헤어진다. 사랑이 식었는가? 그것은 아니다. 갈수록 성공할 희망이 없어지는 상황에 놓인 남자는 사랑하는 여자를 고생시키는 것이 안쓰럽다. 하늘에서 별을 따고 바다에서 진주라도 캐주겠다고 약속하고, 돈을 벌면 멋진 집을 사서 같이 살고 싶지만, 현실은 갈수록 힘들어진다. 남자는 여자가 안쓰러우면서도 앞이 보이지 않는 상황에 짜증이 난다. 어느 날, 말없이 떠나는 여자를 뒤늦게 쫓아가서 지하철을 탄 그녀를 발견하지만, 아직 출발하지 않은 지하철에 오르지 않는다. 차마 그녀를 붙잡지 못하고 그녀가 떠나게 둔다.

여자는 왜 떠났는가? 여자는 자신을 이런 고생도 견딜 줄 모르는 사람으로 보는 남자가 원망스러웠다. 여자는 훗날 다시 만난 남자에게 묻는다. 그때 그가 지하철을 탔으면 같이 영원히 살았을 것이라고, 나를 사랑하긴 한 거냐고. 그러자 남자가 되묻는다. 너야말로 나를 사랑하긴 한 거냐고. 둘은 분명 사랑했다. 관객의 눈에도 두 사람은 심지어 10년이 지났어도 서로를 잊지 못하고 여전히 사랑한다. 사랑하지 않아서 상대에게 상처를 줄 수도 있지만 사랑하기 때문에 상처를 줄 수도 있는 게 사람의 사랑이다. 둘의 사랑이 그렇다.

『낙타 샹즈』와 달리 이 영화에서 남자는 성공한다. 개발한 컴퓨터 게임이 히트를 치면서 마침내 성공했다. 돈을 벌었고, 좋은 집에 살고 좋은 직장에 다닌다. 아내도 있고, 아이도 있다. 여자는 여전히 혼자지만 베이징에서 이제 자리를 잡았다. 중국몽中國夢 시대 샹즈의 후예들의 초상이다. 그런데 두 사람은 삶에서 진정 성공했는가? 물질적으로 보면 성공했다. 꿈을 이루었다. 두 사람은 이제 베이징의 번듯한 집에서 산다. 하지만 두 사람은 여전히 집을 갈망한다. 그 집은 베이징에 없다. 오직 하나뿐인 그 집은 시골 고향에 있다. 그 집은 식당을 하는 남자 아버지가 빚어주던 만두와 음식과 부모의 체취와 함께 영원히 시골에 있다. 두 사람은 고향을 떠났지만, 아직도 고향을 진정으로 떠난 게 아니다. 남자에게도 여자에게도 고향에는 이제 부모가 없지만, 그들은 이번 설에도 고향에 다녀오다가 비행기에서 다시 만났다. 두 사람은 영원히 고향을 떠날 수 없다. 그리고 그런 이상, 두 사람이 아무리 베이징에서 성공하고 물질적으로 풍족한 삶을 누린다고 해도, 두 사람은 정신적으로 영원히 실향민이다. 그들은 도시에 뿌리를 내리지 못한 채 도시를 떠돌고, 고향을 그리워하는 향수병을 앓는다. 이게 성공을 꿈꾸면서 시골에서 도시로 온 사람들이 겪는 숙명적 천형이라고, 이 영화는 말한다.

그런데도 사람들은 그 숙명적 천형을 감수하면서 왜 오늘도 도시로 가야 하는가? 나고 자란 삶의 뿌리인 고향을 어쩔 수 없이 등지고 베이징으로 가고, 서울로 가야만 더 나은 삶의 기회와 가능성을 찾을 수 있는 슬픈 현실 때문이다. 그렇게 고향을 떠나와서 샹즈처럼 나락으로 떨어지지 않고 다행히 성공한다고 해도, 그 삶은 영원히 실향민의 삶이다. 영화 「먼 훗날 우리」의 두 주인공처럼 고향을, 고향 음식을 늘 그리워하면서 산다. 자기 삶의 터전인 고향에서 뿌리내리며 행복한 삶을 사는 건 도대체 왜 이리 어려운 것일까, 중국에서도 한국에서도 실향을 강요하는 세상은 언제나 끝이 날까? 도시의 늪을 헤매는 시골 청년의 꿈을 노래하는 조용필의 「꿈」이 태연의 「꿈」으로 리메이크되더라도, 노래는 그렇게 리메이크되더라도, 그런 현실은 더는 리메이크되지 않기를 바랄 따름이다.

베이징 2

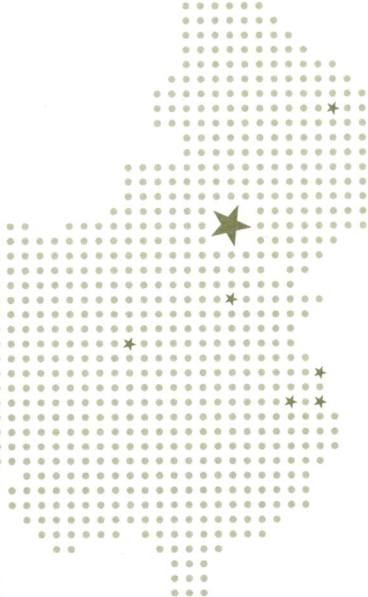

**영원히
고향에 가지 못하는
사람들**

걸어서 베이징에 가는 꿈

베이징에서 공부하던 시절, 밤 기차로 상하이에 가려고 베이징역 플랫폼에 나갔을 때다. 상하이행 열차가 떠나는 플랫폼을 찾다가, 바로 옆 플랫폼에 정차된 기차에 놀랐다. 목적지 때문이었다. 최종 목적지가 평양이었다. 기차를 타고 평양에 갈 수 있구나! 대학 3학년 여름, 처음으로 유럽 여행 갔을 때 기차와 자동차로 국경을 넘는 일이 신기하던 기억이 떠올랐다. 통일되면 기차만이 아니라 걸어서도 서울에서 베이징에 올 수 있을 것이다. 베이징에 살 때 정말 걸어서 베이징에서 서울까지 가봤다는 사람을 만난 적이 있다.

1993년 2월이었다. 베이징에 간 지 석달쯤 지난 무렵이었다. 책으로만 알던 루쉰 연구자 왕후이汪暉를 만나러 사회과

학원 문학연구소에 갔다. 내 소개와 방문 목적을 듣더니 연세가 있어 보이는 한 분이 나섰다. 왕후이는 박사후 과정을 밟으러 하버드대학에 가서 지금 없단다. 그러고 나서 친절하게 사회과학원을 구경시켜주었고, 자기 집에 가서 저녁을 먹자고 했다. 성함을 들었지만 내게는 생소했다. 초청을 거절할 수 없어서 따라나섰다. 사회과학원 뒤편에 있는 직원 아파트에 들어서자마자, 순식간에 만두를 빚어서 쪄내고, 중국 4대 명주 가운데 하나인 산시성의 펀주까지 내왔다. 중국 남자들은 요리를 잘한다. 뚝딱뚝딱 어느새 차려진 만두를 안주 삼아 술이 한 순배 돌자, 그 학자분이 한국 노래를 부를 줄 안다고 했다. 「아리랑」을 부르더니 「도라지 타령」도 불렀다. 그때까지는 그러려니 했다. 속으로는 '다음에는 북한 노래 「꽃 파는 처녀」를 부르겠구나' 했다. 마오쩌둥 시대를 산 중국인은 북한 노래 한두곡쯤은 다들 알고 있으니까. 그 시절 북한과 중국이 그렇게 친했다.

그런데 그분이 노래를 부르고 나서는 대뜸 서울에 가봤다고 했다. 물론 수교 이전에도 서울에 갈 수는 있었다. 대개 비즈니스를 하는 사람이거나 정부에서 일하는 사람들이었다. 하지만 그분 이력으로 보면 그럴 가능성은 없었다. 중국과 수교한 지도 6개월밖에 되지 않았다. 언제 가본 것일까? 다시 56도 술 한잔을 입에 털어 넣더니 그분이 말을 이었다. 걸어서 서울에 갔다고. 귀를 의심했다. 베이징에서 서울까지 걸어서 갔다고? 알고 보니 그분은 한국전쟁 때 중공군을 따라 작가로 서울까지 간 거였다. 한국전쟁 때 그렇게 전쟁터를 순례하면서 르포를 쓴 중국 작가단이 있었다. 순간 한국과 중국이 적으로 싸운 역사가 훅 들어오고, 어렸을 때 골목에서 놀면서 친구들하고 "무찌르자 오랑캐, 몇백만이냐?"를 부르던 기억이 떠올랐다.

그런데 그런 오랑캐 중공군에 대한 기억을 밀어낸 건, 다음 순간 내 마음에서 일어난 '서울에서 베이징까지 걸어서 갈 수도 있지!' 하는 깨달음이었다. 물론 그분이 온전히 걸어서 베이징에서 서울까지 간 건 아닐 것이다. 하지만 그분의 말은 비행기를 타야 대륙으로 갈 수 있는 섬나라 아닌 섬나라에서 자란 내 가슴에 깊은 울림을 남겼다. 일제강점기에 손기정 선수는 서울에서 베를린까지 기차를 타고 갔다. 사실상의 섬나라로 살아온 우리 역사가 오래되었다. 손기정 선수처럼 기차 타고 유럽에 가고, 걸어서 혹은 자전거나 자동차 타고서 베이징에 갈 날이 기어이 오려나?

북경반점의 박완서와 김윤식

다른 나라에서 유학하다보면, 뜻하지 않게 가이드를 하고 생각지도 못한 인연이 생기는 경우가 있다. 베이징에서 공부할 때 나도 그랬다. 한중수교(1992.8) 직후여서 더 그랬다. 가이드를 하느라 자금성을 여러번 드나든 덕분에 자금성에 대해 공부를 좀 했다. 귀한 인연도 많았다. 그런 인연 중의 하나가 작가 박완서, 평론가이자 학자인 김윤식 두 분을 만난 일이다. 어느날, 아내 김혜영의 지도교수이신 최동호 선생님이 전화하셨다. 베이징에 오셨다는 거다. 호텔에 인사하러 갔는데, 여행단 모두가 우리 문단을 대표하는 작가, 평론가였다. 그런데 박완서, 김윤식 두 분은 예정된 단체 여행 코스인 만리장성 대신 갈 데가 있다고 하셔서 우리 부부에게 안내를 맡긴 거였다. 그렇게 내가 좋아하는 소설가와 존경하는 근대문학 연구자를 동시에 만나는 행운을 누렸다. 추운 날씨 때문이 아니라 긴장해서 몸이 굳었다.

코스는 루쉰 생가와 박물관, 천주교 남당南堂 성당, 그리고 우리 인사동 같은 곳인 유리창琉璃廠이었다. 루쉰의 삶, 그리고 연암 박지원을 따라가는 여정으로 김윤식 선생님이 정한 코스였다. 남당 성당은 처음이지만, 루쉰 생가는 벌써 몇번 와본 곳이고, 유리창도 마찬가지였다. 그런데 김윤식 선생님의 끊임없이 이어지는 이야기를 듣다보니 그곳이 새롭게 다시 태어나는 느낌이었다. 루쉰과 이광수의 삶과 문학을 마주 세워 생각하면서 둘러보는 루쉰 생가, 그리고 박지원의 『열하일기』의 발자취를 따라가며 살펴보는 남당 성당과 유리창은 내가 전에 갔던 곳이 아니었다. 여행의 경험이란 원래 이런 것이다. 보는 눈에 따라서 장소와 사람, 풍경이 새롭게 보인다.

유리창 구경을 마치고, 이제 숙소로 가면 되겠지 싶었다. 그런데 김윤식 선생님이 북경반점으로 가자셨다. 구색 갖춘 커피 마실 곳이 호텔밖에는 없던 시절이어서 커피 때문에 가자고 하시는 줄 알았다. 그런데 그게 아니었다. 호텔 로비 커피숍에 앉자 커피가 채 나오기도 전에 일제강점기에 북경반점에 묵었던 조선 작가와 지식인 이야기를 시작하셨다. 그런 북경반점의 기억을 찾아서 오신 거였다. 박완서 선생님은 특유의 눈가 주름에 엷은 미소를 띤 채 호기심에 빠진 소녀처럼 경청하셨고, 나와 아내는 우연히 인생 강의를 수강하게 된 학생처럼 들뜬 마음으로 김윤식 선생님 이야기에 빠져들었다. 훗날 박완서 선생님은 산문집 『두부』(창비 2002)에 실린 「사로잡힌 영혼」이란 글에서 이날 당신이 "장대한 붉은 기둥들을 금빛 찬란한 용이 용틀임으로 감아 올라간 모습하며, 고풍스럽고도 장중한 집기"가 널린 '초일류 호텔 북경반점'에서 '유학생 부부'와 함께 김윤식 선생의 이야기를 듣다가 환각 속으로 빨려들었다고 했다.

북경반점에서 박완서 선생님을 환각 속으로 이끈 김윤식 선생님 이야기는 무엇인가? 김 선생님 이야기는 타임머신을 타고 중일전쟁이 일어난 1930년대 말과 1940년대 북경반점으로 우리를 이끌었다. 당시 매일신문 베이징 특파원이었던 평론가 백철이 파락호 행세를 하면서 북경반점에서 노름에 빠진 이야기, 매일신문 기자였던 작가 노천명이 휴가를 내어 베이징에 왔다가 휴가가 끝나서도 돌아가지 않은 이야기, 붉은 혁명의 성지인 옌안延安으로 가는 김사량이 귀국하는 노천명에게 가족에게 전해달라면서 구두를 사서 보낸 이야기가 끝없이 이어졌다. 박완서 선생님은 그 순간을 산문에 이렇게 적었다. "그 호화호텔 넓은 홀에서 이향란의 노래를 들으며 친일파와 독립투사와 신문기자와 첩자와 아편 장수와 일본 군벌과 어울려 김사량과 백철과 노천명이 나비처럼 춤추는 환각에 빠져들었다." 이 환각의 추억 때문에 박완서 선생님은 북경반점에 묵어보고 싶었는데, 그뒤로 베이징에 갈 일이 없어 이루지 못했다고 한다. 나는 딱 한번 묵은 적이 있다. 그 환각 속으로 들어가보고 싶은 마음에 비싼 방값을 내고 묵었다. 나중에 저곳 세상에서 박완서 선생님을 다시 만나면 보고드릴 것이다. 멋진 환각 체험이었지만, 방은 세월만큼 낡았더라고.

북경반점이 조선인 합숙소가 된 이유

북경반점北京飯店, 중국음으로 베이징판뎬은 베이징의 중심인 톈안먼과 왕푸징 사이에 있다. 베이징을 남북으로 가르는

역사적 상징성을 띠는 최고의 호텔 북경반점(베이징판뎬)

축선인 장안가長安街에 인접해 있다. 역사적 상징성 때문에 최고 호텔로 인정받는다. 사회주의 중국이 들어서고 개국 축하연이 열린 곳이고, 지금도 중요 국가 연회가 열린다. 매년 3월 열리는 중국 최고 정치 행사인 전국인민대표회의와 전국인민정치협상회의 대표들이 묵는 호텔이다.

왕푸징 보행거리를 따라 북쪽 끝까지 쭉 걸었다. 그러다가 다시 남쪽 입구로 돌아와 북경반점에 들어섰다. 북경반점은 1900년에 프랑스의 두 청년이 처음 지었다. 지금의 북경반점 자리가 아닌 다른 곳이다. 나중에 왕푸징 쪽으로 옮겼다가 1917년 지금의 자리에 프랑스의 한 회사가 7층 건물로 다시 짓고 이름을 북경반점이라고 불렀다. 호텔 B동이 그때 지은 건물이다. 건물 앞에 영어로 Beijing Hotel Nuo라고 적혀 있다. 덩샤오핑鄧小平이 쓴 북경반점이라는 한자가 있는 A동은 B동과 이어져 있지만 다른 호텔이다. A동은 1974년에 지었다. 그러니까 김윤식 선생님이 말한 일제강점기에 우리나라 사람이 묵은 호텔은 B동 건물이다. 장중함이 A동과 다르다. 호텔 로비에서 계단을 살짝 올라가 왼쪽으로 돌아가면 박완서 선생님이 "장대한 붉은 기둥들을 금빛 찬란한 용이 용틀임으로 감아올라간 모습"이라고 묘사한 대연회장이 나온다. 입구에 붉은 카펫이 깔리고 용이 새겨진 황금색 기둥이 있다. 1949년 10월 1일 사회주의 중국의 개국을 축하하는 개국대전開國大典 연회가 열린 곳이다.

예전에 김윤식, 박완서 선생님과 같이 앉았던 북경반점 호텔 로비의 커피숍에 앉았다. 옆에 있는 A동 북경반점에는 중국인 손님이 붐비는데 여기 B동은 한적하다. 이곳이 객실 수가 적고, 더 비싸서 그런가? 요즘에는 이 호텔에 베이징의 유명 병원과 함께 산후조리를 할 수 있는 특별 서비스 룸도 있다. 베이징의 초고소득층을 위한 시설이다. 하긴 14억 인구 중 0.1퍼센트에 속하는 부자 숫자만도 140만명인 나라 아닌가.

지금은 이렇게 고급 호텔인데, 일제강점기에는 비싸지 않아서 조선인이 가득했을까? 그때도 싸지는 않았던 모양이다. 김윤식 선생님이 언급했던 작가 김사량에 따르면 그때도 호화롭고 비쌌다. 김사량은 1939년 봄 베이징에 와서 북경반점에 묵었다. 1937년 중일전쟁이 일어나 베이징이 일본에 점령되고 나서였다. 김사량에 따르면 그때 비싼 북경반점에 조선인이 넘쳤다. "동양사람으로는, 더구나 조선 사람의 신분으로는 발을 들여놓기조차 어려웠다는 호사로운 북경반점이 마치 조선인 합숙소처럼 되어 있었다." 중국에서 큰돈을 번 조선인 능력자들이 그만큼 많았던 거다. 김사량이 혼자 묵을 방이 없어서 하는 수 없이 한방을 같이 쓰게 된 조선인도 중국 중부에서 잡곡 장사로 큰돈을 모은 사람이었다. 베이징에 와서 호텔에 묵으면서 살 집을 찾는다면서 맥주만 마시던 조선인이었다. 우리에게 중국은 그때나 지금이나 여전히 제일 가까운 곳에 있는 세계에서 가장 큰 시장이다. 조선시대 중국에 인삼을 팔아 돈을 번 개성인삼 장수, 일제강점기의 잡곡상, 그리고 한중수교 이후 오리온 초코파이와 신라면 등으로 중국인의 입맛을 사로잡아 큰돈을 번 그런 조선인, 한국인은 늘 있다. 물론 중국에서 망한 사람도 많지만.

1937년 일본이 7·7사변(루거우차오 사건)을 일으키고 중국 전역을 공격할 무렵, 일본에 단숨에 점령된 베이징은 한창 전쟁 중인 중국의 다른 지역보다 상대적으로 안전했다. 그래서 돈 많은 중국 거주 조선인이 전쟁을 피해 베이징으로 몰려들었다. 비싼 북경반점이 조선인의 합숙소가 된 이유다. 나라를 잃은 일제강점기에 조선인은 중국에 와서 무엇으로 돈을 벌었을까? 김사량이 당시 북경반점에 묵던 조선인을 묘사한 걸 보면, 아편으로 돈을 벌어 '미어지게 배가 부른 아편 장수', 성매매로 돈을 번 '칠피 구두를 신고 삐거덕거리는 갈보 장수', 환전으로 돈을 번 환전상 '송금 브로커', 골동품상 등이 베이징에서 돈을 번 조선인이었다.

물론 북경반점에는 중국에서 돈을 번 이런 조선인만 있었던 건 아니었다. 조선인이 모이는 곳이면 어김없이 나타나는 일본 헌병대의 밀정들, 그리고 일본군 위문을 위해 조선에서 온 위문 악단 단원, 조선 영사관의 끄나풀 등도 북경반점에 그득했다. 물론 지식인도 있었다. 일본을 압박하는 미군의 공세에 이를 갈며 떠벌리는 '충실한 애국적 일본주의자'도 있고, 꼭두새벽부터 술에 취해 돌아다니는 '어떤 문필가'도 있고, 꾀죄죄한 주제에 "진기름으로 머리를 마늘쪽처럼 갈라붙인 예술가"도 있었다. 김사량의 『노마만리』(1945)에 나오는 그야말로 만화경 같은 북경반점의 조선인 모습이다. 북경반점은 나라를 잃고 중국을 떠돌며 조국과 세상의 운명에 절망하거나, 아편과 성매매로 돈을 벌고 밀정이 되어 출세한 일제강점기 조선인 인간 군상의 집합소였다. 베이징 왕푸징에 올 때면, 내가 일부러 북경반점 로비에서 커피나 맥주를 한잔하는 이유다.

베이징에 살던 조선인 삶의 초상

일본은 늘 대륙으로 나아가려는 꿈을 가진 나라다. 섬에서 벗어나 대륙으로 진출하려는 욕망이 일본인의 무의식에 늘 잠재되어 있다고 하면 지나친 말일까? 하지만 임진왜란 때 일본이 그랬고, 중일전쟁 때도 그랬다. 일본이 중국을 치밀하게, 그리고 세세하게 연구한 데는 학술적 목적을 떠나서 이런 군사적·정치적 목적도 있었다. 대륙을 향한 일본의 이런 꿈 때문에 우리나라가 고난을 겪었다. 우리는 일본이 대륙을 침략할 때 그 전진기지이자 교두보였다. 임진왜란 때는 그 교두보를 넘지 못해 실패했고, 중일전쟁 때는 그 교두보를 넘어 중국 점령의 길에 나섰지만 결국엔 역시 실패했다.

조선을 강점한 일본은 계속 대륙을 향해 진군하여 1931년에 만주 지역을 차지한다. 그리고 그곳에 1932년 '만주국'을 세운다. 명분은 동아시아인이 함께 번영을 누리는 동아시아 공동체를 만든다는 것이었다. 일본인, 조선인, 한족, 만주족, 몽골족이 평화롭게 한집에 산다는 오족협화五族協和와 온 천하가 한집안이라는 팔굉일우八紘一宇를 기치로 내세웠다. 일제는 팔굉일우를 새긴 비석을 조선과 만주의 여러군데에 세우기도 했다. 일본의 야욕은 여기에 그치지 않고 1937년 7월 7일에는 본격적으로 남하해 중국 전역을 점령하려고 시도한다. 그 기세가 대단했다. 먼저 베이징을 점령하고 1937년 12월에는 난징南京과 상하이를 점령하고, 1938년 10월에는 내륙 거점도시인 우한武漢, 그리고 남부 중심도시 광저우廣州도 점령한다. 중국의 핵심 도시를 거의 장악한 것이다.

일본 제국주의의 거침없는 기세를 보는 당시 조선인의 마음은 어땠을까? 이런 중일전쟁의 판세는 조선인에게 큰 영향을 미친다. 1945년에 일본이 항복했으니까, 일본이 망하기 직전의 마지막 몸부림이라고 생각했을까? 아무리 역사적 혜안을 지닌 사람이라도 이런 생각을 하기는 어려웠을 것이다. 일본의 기세 앞에서 일본의 패망을 상상하기란 거의 불가능했다. 일본이 영원히 지지 않을 태양처럼 여겨졌을 것이다. 당시 일본의 기세를 보면 그럴 만하다. '이제 조선 독립은 어렵겠구나' '영원히 일본의 신민으로 살 수도 있겠구나', 이런 절망감과 패배감이 조선인을 사로잡았다. 당시 친일로 전향한 많은 조선 사람의 마음이 이러했을 것이다. 이광수가 친일로 전향한 것도 그렇다. 이광수는 이즈음 조선 독립이 어려운 이상, 이등 국민으로 차별받지 말고 내선일체의 길을 가자면서 조선 청년에게 천황의 군인이 되라고 열변을 토하지 않았던가. 이광수처럼 일본이 내건 동아시아 공동체라는 구호에 적극적으로 동참하여 서구와 미국에 맞서 일본을 중심으로 동아시아인의 세상을 열자는 반서구주의자, 반미국주의자의 목소리도 절정을 이루었다.

일제강점기 어느 한 시기인들 어둡고 절망적이지 않은 때가 있었을까만, 중일전쟁이 터진 1937년부터 1941년 일본의 진주만 공격 이전까지, 한치 앞이 보이지 않는 가장 어두운 시대, 절망과 전향의 시대가 열린 것이다. 더구나 일본 제국주의에 맞서 연대하던 중국이 속절없이 무너지고, 중국이 조선처럼 일본의 점령지가 되는 걸 직접 눈으로 본 중국 체류 조선인은 더욱 절망스러웠을 것이다. 당시 중국에 살던 조선인의 비극이 여기에 있다. 이 절망 속에서 어떻게 살았을까? 어떤 이는 퇴폐의 길로 갔고, 어떤 이는 친일로 전향했고, 어떤 이는 자본주의와 제국주의에 절망하여 갓 태동한 사회주의 혁명에서 나라를 구할 희망을 찾았다.

김사량이 쓴 단편 「향수」(1941)는 그즈음 베이징에 살던 조선인 삶의 초상을 다룬다. 일본이 중국을 침략하면서 기세를 올리던 1938년 5월 베이징에서 절망과 변절의 시간을 사는 사람들의 이야기다. 베이징을 여행하고, 북경반점에 투숙하고, 베이징 거주 조선인의 삶을 직접 본 김사량의 체험이 담겨 있다. 베이징은 일제강점기 조선인에게 여러 복합적 의미를 지닌 공간이었다. 중국이 1912년부터 외국인이라도 5년 이상 중국에 주소를 두고 거주하면 중국 국적을 취득할 수 있게 해서 유럽이나 미국으로 유학하러 가려는 조선 지식인이 베이징을 중간 기착지로 이용하기도 했다. 그런가 하면 일제의 감시를 피해 독립운동을 하러 오기도 하고, 돈벌이를 위해서 오기도 했다. 그런데 일본이 베이징을 점령하면서 이 모든 가능성이 사라져갔다. 베이징에 있던 많은 이들이 각기 다른 여러가지 이유로 절망하거나 변절하여 친일의 길로 나아갔다.

소설 「향수」에는 그러한 조선인의 모습이 등장한다. 소설의 주인공 이현은 매형과 누나를 찾아 베이징에 온다. 그의 누나와 매형은 조선에서 독립운동을 하다가 일제의 눈을 피해 만주를 떠돈 뒤 베이징에 왔다. 그런데 그의 매형은 이제 조선 독립의 희망이 없다고 생각하고 독립운동에서 이탈한다. 자신을 따르던 제자의 여자와 바람을 피우고, 이제 베이징을 정처없이 떠돈다는 소문만 들릴 뿐이다. 매형과 같이 독립운동을 하던 매형의 부하는 일본 첩자가 되어 조선의 독립운동가를 감시하고 정탐한다. 그는 만주사변이 나고 중국 여기저기서 일본군 승리의 나팔 소리가 울려 퍼지자 생각을 바꾸어 독립운동을 접게 되었다고 주인공에게 말한다. 그러면서 과거 독립운동을 하던 자신은 이제 죽었고, 독립을 꿈꾸던 과거 "우리들의 꿈은 너무나도 무참하게 배반당하고 말았다네"라고 말한다. 자신의 전향을 합리화하는 말이기도 하지만, 당시 베이징에 살던 많은 조선인의 마음을 대변하는 말이기도 하다.

주인공의 누나 아들은 자원하여 일본군이 되었다. 독립운동가 부모의 아들이 왜 일본군에 지원한 것일까? 아들은 엄마에게 말했다. 자신이 일본 군인이 되면 부모의 죄가 조금이라도 가벼워질 것이라고. 아들은 이미 조선이 독립하는 날이 오지 않는다는 것을 전제하고 자신이 나아갈 길을 선택한 것이다. 하지만 그가 일본군을 지원한 이유가 이것만은 아니었다. 어쩌면 이보다 더 중요한 이유가 있다. 소설에서 그의 엄마의 말에 따르면, 아들의 마음속에는 부모와는 '다른 사상이 싹트기 시작'했고, '시대의 조류가 달라졌'기 때문이다. 독립운동을 하는 부모에게 태어났지만, 아들은 일본이 승리하는 시대의 흐름 속에서 일본이 내세우는 사상에 동조하기 시작한 것이다.

사람은 결국 세상의 흐름을 이기지 못한다. 물줄기의 흐름을 바꾸는 영웅이 아닌 이상, 많은 사람이 세상의 흐름을 바꿀 꿈을 함께 꾸지 않는 이상 그렇다. 중일전쟁 즈음의 베이징은 조선인에게 세상에서 가장 절망적이고 고통스러운 공간이었다.

「향수」에서 그런 절망과 고통의 한가운데 있는 사람이 주인공의 누나다. 소설에서 대학생 주인공 이현은 변절한 매형의 제자로부터 누나의 근황을 듣고서, 그의 어머니가 애써 마련해준 돈을 누나에게 전해주려고 평양에서 기차를 타고 베이징에 왔다. 밤 12시 베이징에 내려 인력거를 타고 고려인이 사는 곳을 물어물어 겨우 누나 집을 찾는다. 그런데 그의 누나는 그를 썩 반기지 않는다. 왜 그런가? 누나의 처지 때문이었다. 남편은 독립운동에서 멀어진 채 제자의 여자와 베이징 어디를 헤매는지 종적조차 알 수 없다. 변절한 남편의 부하는 늘 누나 집을 드나들며 감시하고, 아들은 일본군에 지원했다. 그녀는 혼자서 아편을 팔고 아편굴을 운영하면서 겨우 생계를 유지한다. 자신도 아편에 중독되었다. 주인공 이현은 누나의 상황을 이렇게 표현한다. "누님은 나라에서도 쫓겨나고 주의 사상으로부터도 배반당하고, 사랑하는 외아들마저 떠나가버렸다. 결국 유일하게 의지할 수 있는 남편에게도 버림을 받아 아름답던 몸과 마음도 마약중독으로 버린 채, 결국에는 아편 밀매까지 하고 있다."

의지할 데 없고 오갈 데 없어 절망 한가운데 놓인 삶이다. 이런 처지이니 오랜만에 누나를 찾아 이국땅까지 온 동생이라 하더라도 차마 반길 수 있겠는가. 무심하게 동생을 맞는 누나의 마음이 얼마나 아팠을까. 동생의 마음도 아프기는 마찬가지였다. 젊은 시절 누나의 모습은 찾아볼 수 없고, 반짝이던 눈빛도 사라졌다. 베이징에서 혼자 아편을 밀매하며 아편쟁이가 되어버린 누나를 본 동생은 "자신의 혼을 바쳐 통곡하지 않을 수 없"었다.

학교에서 수업 시간에 베이징의 조선인 기억을 따라가면서 학생들과 이 소설을 읽을 때마다 소설 속 누나의 아픔과 절망, 고통에 가슴이 무겁다. 나라 없이 사는 것이 얼마나 고통스러운 일인지, 더구나 조국에서 쫓겨나 이국을 떠돌며 사는 일이 얼마나 고통스러운 일인지, 그 깊이를 지금 나로서는 차마 헤아릴 수가 없고, 그저 짐작하는 것만으로도 마음이 무겁다.

양고기 요리로 첫째가는 집, 둥라이순

북경반점은 왕푸징王府井 입구 서쪽에 있다. 왕푸징은 명나라 때 황족들이 모여 살던 왕부王府 지역이었다. 청나라 때는 거리 양편으로 가게가 늘어서면서 흥청거리기 시작했다. 왕푸징이라는 이름은 근대에 붙여졌다. 거리 서쪽에 우물이 있어서 우물을 뜻하는 '정井'자가 더해져 왕부정, 즉 왕푸징이 되었다. 자전거를 타고 베이징을 돌다가 점심으로 옛날 베이징 짜장면을 간단히 먹은 것은 다 계획이 있어서였다. 조금 이른 시간이지만, 혼자서 거나하게 저녁을 먹을 작정이다. 왕푸징 남쪽 입구에서 조금 안쪽으로 들어가면 신화서점을 지나 초록색 간판에 한자로 동래순東來順이라고 적힌 집, 둥라이순이 있다. 간판이 초록색인 이 집은 무슬림 요리를 하는 식당인데, 이곳은 훠궈가 아니라 솬양러우涮羊肉 요릿집이다.

솬양러우는 훠궈와 뭐가 다른가? 고기나 해산물, 채소를 끓는 물에 데쳐 먹는다는 점에서는 같다. 그런데 솬양러우는 그 이름이 말하듯이 양고기를 뜨거운 물에 살짝 데쳐서 먹는 요리다. 중국에서 여러 식재료를 뜨거운 물에 끓여 먹는

양고기 포를 얇게 떠서 뜨거운 물에 데쳐 먹는 요리 솬양러우

요리는 역사가 오래되었다. 그런데 양고기를 얇게 포를 떠서 구리 신선로 모양의 그릇에 데쳐 먹는 요리는 몽골인에게서 왔다. 전설처럼 내려오는 이야기에 따르면 원나라 세조 쿠빌라이가 전쟁터에서 먹던 요리에서 유래했다. 전쟁을 벌이는 촉박한 상황에서 덩어리 고기를 익힐 시간이 없으니 얇게 저며서 끓여 먹었는데 꽤 맛이 있었다. 쿠빌라이는 그 맛을 잊지 못해 나중에 베이징 궁중 연회에서도 즐겨 먹었다고 한다. 그뒤 만주족 왕조인 청나라 때 이 요리는 궁중에서 한층 발전해서 민간에까지 흘러나왔고, 마침내 둥라이순이라는 가게가 생겼다.

둥라이순 입구에는 청진제일쇄淸眞第一涮라는 간판이 걸려

있다. 무슬림 스타일 솬양러우로 첫째가는 집이라는 뜻이다. 이곳은 아직도 전통 방식으로 숯불에 구리 화로를 쓴다. 신선로처럼 생긴 구리 화로에 연통이 달렸는데, 이 연통 높이로 불 세기를 조절한다. 청나라 말기인 1903년에 문을 연 이곳은 내부가 베이징 전통 주택 양식인 네모난 사합원四合院 구조다. 이제는 거의 유명 관광지이자 문화유산 수준이 된 곳이다. 다른 체인점도 많지만, 나는 꼭 이곳 원조집에 온다.

베이징의 겨울은 너무 춥다. 눈은 별로 오지 않지만, 바람이 사납다. 이런 베이징의 추운 겨울을 나려면 독한 술에 솬양러우를 먹어야 한다. 1992년 겨울, 나는 처음으로 둥라이순에 왔다. 양꼬치의 고기는 주먹만 했고, 신선로 모양의 구리 화로에 데쳐 먹는 양고기도 입에서 녹았다. 고기를 식히기 위해서 소스에 찍는데 그 참깨 마장 맛이 무엇보다 특별했다. 베이징 서민의 술인 이과두주를 곁들이면 겨울에도 후끈했다. 이곳 술 메뉴판에는 맨 앞에 이과두주가 있다.

1992년 겨울에 처음 간 뒤로 단골이 되었다. 베이징에 가면 지금도 늘 들른다. 혼자서도 간다. 혼자서 갈 때면 늘 앉는 테이블이 있다. 입구에서 들어가 왼쪽으로 돌면 모퉁이에 있는 조그만 사각 테이블이다. 2인용인데 다른 테이블보다 작다. 예전에 혼자 왔을 때 이 테이블을 안내받은 뒤로, 이제는 내가 먼저 이 테이블을 달라고 한다. 테이블 번호가 1번이다. 손님이 홀에 가득하고 긴 대기 줄이 있을 때도 이 테이블은 비어 있는 경우가 많다. 혼자 가거든 꼭 1번 테이블 비어 있는지 물어보길 바란다. 이곳에 오면 시키는 메뉴는 늘 똑같다. 내 나름의 세트 메뉴다. 양고기, 양꼬치, 그리고 탕쏸이라는 베이징 전통 마늘절임, 이과두주, 그리고 디저트로 참깨 빵이다. 양꼬치는 예전보다 고기 크기가 작아졌다. 이렇게 먹으면 200위안 정도 나온다.

봄날이지만 가랑비가 오락가락해서 제법 쌀쌀했는데, 이제 몸이 덥다. 양고기와 이과두주 덕분이다. 왕푸징 보행거리 중간쯤까지 걷다가 옆으로 빠져서 공유 자전거를 탔다. 베이하이北海공원에 와서 인도에 자전거를 세우고 반납하려는데 도무지 반납할 수가 없다. 스마트폰 앱에, 거기는 정해진 자전거 주차 구역이 아니라면서 정해진 곳에 세우라는 메시지가 뜬다. 달라진 베이징 모습이다. 잠금 열쇠가 없는 공유 자전거는 정해진 주차 구역에 세워야 앱에서 '반납'을 누를 수 있다. 하는 수 없이 조금 떨어진 곳에 하얀 페인트로 그려진 주차 구역에 세우자, 앱이 그제야 반납 처리를 한다. 제법 영리하다. 그러고 보니 예전보다 아무 데나 세우는 자전거가 많이 줄었다.

베이하이공원은 자금성인 서북쪽에 남북으로 길게 난 인공호수다. 자금성 서쪽으로 남해, 중해, 북해가 이어져 있다. 황제와 황궁 사람은 이 호수에서 뱃놀이를 즐기기도 하고, 이 물길을 따라 길을 떠나기도 했다. 지금은 호수를 따라 카

폐와 식당이 늘어서 있다. 수면 면적만도 40만 제곱미터가량으로, 규모가 무척 크다. 걸어서 한바퀴를 다 돌기는 어렵다. 이 호수는 겨울이면 스케이트장이 된다. 마침 베이하이공원을 산책하기에 제일 좋은 때다. 호수 주변에 복사꽃이 한창이고, 호숫가에 늘어선 수양버들의 연초록 새잎이 싱그럽다.

그들은 왜 고향에 돌아가지 못하는가

소설 「향수」에서 눈물의 상봉을 한 누나와 동생은 베이하이공원(소설에는 '북해공원'으로 표기)에 구경을 간다. 조선에서 온 동생에게 베이징을 구경시켜준 것이다. 베이하이공원 호수에는 조그만 섬이 있고, 그곳에 하얀 둥근 탑이 있다. 하얀 탑이란 뜻의 백탑, 즉 바이타다. 청나라 초에 건립되었다. 높이가 35.9미터, 위는 둥글고 아래는 네모 모양이고, 둥근 원의 지름이 14미터인 티베트 라마교 탑이다. 청나라는 티베트 라마교 지도자를 나라의 최고 종교 지도자로 존중했다. 서역의 라마가 불교로 황제의 음덕을 찬양하기 위해서 탑을 세우길 청하여 황제가 이를 허가했다고 적혀 있다. 청나라 황제는 자주 이곳에 와서 왕조의 평안을 기원했다. 탑의 꼭대기는 황금 도금을 한 여의주가 빛난다. 그 밑으로 다시 둥

베이하이공원의 백탑(바이타)

근 태양이, 그리고 다시 초승달이 새겨져 있다. 태양과 달의 빛이 온 세상을 밝게 비추듯이 부처님 말씀이 사방으로 빛을 비추어 모든 바람이 이루어지길 축원하는 의미다. 그 밑에 부처에 대한 예를 표하는 우산 모양의 2층 받침대가 있고 다시 아래로 흔히 탑의 목이라고 부르는, 고리 모양의 상륜相輪이 있다. 모두 13개다. 13은 불교에서 말하는 삼세시방三世十方으로, 과거·현재·미래의 시간과 모든 공간을 망라한 온 세상을 의미한다. 그래서 중국에는 13층 탑이 많다. 그 아래가 둥근 병 모양의 탑신이다. 탑신 가운데에 방패 모양의 작은 감실龕室이 있고, 모든 일이 순조롭게 잘 이루어지길 기원하는 내용이 티베트어로 새겨져 있다.

일제강점기에 조선 지식인과 작가가 베이징에 관해서 쓴 글에 거의 빠짐없이 백탑이 등장하는 걸 보면 당시에는 베이징 관광의 필수 코스였던 모양이다. 소설 「향수」에서 호수를 산책하다가 누나가 동생에게 탑에 오르자고 한다. 누나는 왜 굳이 탑에 오르자고 하는가? 누나가 동생에게 말한다. 저 흰 탑에 올라가서 호수를 바라보면, 조선 지도와 아주 비슷하게 보인다고. 그래서 자신은 가끔 올라가서 고향에 돌아온 듯한, 꿈과 같은 기분에 젖어든다고 말한다.

누나는 베이징에서 지독한 향수병을 앓고 있었다. 남편과 함께 3·1운동에 참가한 후 경찰의 눈을 피해 중국에 와서 독립운동을 계속했다. 그런데 이제 그녀에게는 아무것도 남지 않았다. 사상도 이념도 사라지고, 남편도 아들도 없다. 그녀 곁엔 아편만 있다. 그녀의 유일한 즐거움은 베이하이공원의 백탑에 올라가서, 그녀 눈에는 분명 조선 땅처럼 보이는 호수를 바라보는 것이다. 누나의 말을 듣고 동생은 생각한다. "누님은 때때로 참을 수 없을 정도로 조국에 돌아가고 싶은 향수를 느끼고 있는 것인가. 누님은 옛날의 아름다운 마음과 영혼의 고향으로 돌아가고 싶어하고 있는 것이로구나." 어디 누나만 고향으로 돌아가고 싶을까. 전향하여 일본 밀정이 된 매형의 부하도 그렇다. 그도 귀국을 앞둔 주인공에게 "나도 정말로 강렬한 향수가 있다네"라고 고백한다. 그런 뒤 아들과 며느리, 그리고 아내에게 줄 구두와 돋보기를 사서 전해달라고 부탁한다.

그런데 이렇게 베이징에서 고향을 그리워하면서 향수병을 앓는 그들은 왜 조선 땅 고향으로 돌아가지 못하는가? 평양까지 채 이틀이 걸리지 않는 직통 특급열차도 생겼지만, 그들은 차마 갈 수가 없다. 예전의 그들이 아니다. 독립운동을 하던 그들이 아니다. 더구나 고향이라고 해도 그곳은 일제의 땅이다. 조선으로 돌아가는 것은 일본 제국주의 속으로 더 깊이 들어가는 일이고, 전향과 변절의 완성이자 독립운동에서 이탈한 삶의 완성일 수 있다. 그래서 그들은 지독한 향수병을 앓으면서 베이징이라는 무간도에서 지옥살이를 할 수밖에 없는 것이다.

결국 주인공 이현은 누나와 매형을 데려가지 못한 채 혼자서 귀국한다. 누나가 아편을 팔아 번 돈으로 사준 기차표를 들고서 조선행 기차에 오른다. 어둠 속에 누나가 서서 배웅한다. 귀국하는 그의 손에는 도자기가 들려 있다. 서울 인사동 거리와 비슷한 곳이 베이징의 유리창 거리다. 조선시대 베이징에 가는 선비라면 꼭 들르던 곳이다. 조선에 없는 귀한 책이 있고, 새로운 문물이 있었다. 이곳에 구경 간 주인공은 어느 골동품 가게에 들렀다가 우연히 한 도자기에서 신음 소리를 듣는다. 고려시대 청자와 조선시대 백자가 내는 신음 소리였다. 그는 그 도자기가 "저를 구해주세요. 저도 구해주세요"라고 "비명 같은 목소리로 속삭이"는 것처럼 느낀다. 그는 도자기를 구하겠다고 결심하고, 베이징으로 떠날 때 어머니가 누나한테 가져다주라고 한 돈을 몽땅 털어서 도자기를 산다. 도자기에서 "죽음과도 같은 누님의 신음소리가 들리는 듯"했기 때문이다. 고향을 사무치게 그리워하면서도 고향에 돌아가기를 거부하는 누나 대신에 베이징 골동품 가게에서 신음하는, 아니 신음하고 있다고 그가 생각하는 조선 도자기를 사서 조선으로 가는 기차에 오른다. 조선 백자를 고향으로 데리고 간다.

빼앗긴 나라를 찾기 위해 싸우다가 그들은 고향을 떠났다. 가족과 작별했다. 그리고 어떤 이들은 영영 다시는 고향으로 돌아오지 못한 채 향수병을 앓으며 이국에서 삶을 마쳤다. 베이징에는, 아니 중국에는 곳곳에 그런 조선인의 혼이 널려 있다. 소설 「향수」 속 인물만 그런 게 아니다. 단재 신채호도 있다. 신채호는 일제에 국권을 상실한 경술국치의 해인 1910년에 식민지가 된 조국에서 살 수 없다면서 고국을 떠나 베이징에 왔다. 아침에 종을 치고 저녁에 북을 쳐서 시각을 알리던 종고루鍾鼓樓 근처에서 살았다. 가난과 병, 체포의 위협에 시달렸다. 그럴수록 베이징을 떠돌며 가지 못하는 고향이 더 그리워, 시에서 "이역 방랑 십년이라 수염에 서리 치고/(…)/고국의 농어회 맛 좋다 이르지 마라/오늘은 땅이 없거늘 어디다 배를 맬꼬"(「임술년 가을밤에」, 1922)라고 한탄한다. 신채호 말대로, "여우도 죽을 제 머리를 언덕에 얹고 고향을 사모한다고 하거늘 하물며 사람으로서야" 고향을 그리워하는 게 당연하다. 하지만 그는 다시는 고향의 농어회 맛을 보지 못한 채, 1936년에 중국 뤼순 감방에서 생을 마친다.

베이징의 중축선은 천심과 민심의 선이다

베이하이공원을 다시 찾은 건 순전히 소설 「향수」에서 누나가 말한 것처럼 호수 모양이 조선 땅 모양인지 보려는 거다. 베이하이공원 입구 안내판에 호수 모양이 그려져 있다. 그런데 이 지도는 절반짜리다. 그야말로 북해, 즉 베이하이만 나와 있다. 남해와 중해는 없다. 두 곳을 합쳐서 중남해로 부르는데, 이곳에 중국 최고 지도부의 거주지와 사무실이 있다. 그래서 중국어로 중난하이中南海는 중국공산당 최고 지도부를 뜻한다. 남해와 중해가 지도에서 빠진 것은 이 때문이다. 지도에 북해만 있으니 호수가 마치 허리 잘린 한반도 같다. 백탑을 등지고 북쪽을 향해 호수를 보면 호수 끝이 흡사 우리 땅 남쪽 해안선 같기도 하다. 이런 내 느낌은 소설을 읽고 나서 드는 환각일 뿐인가?

백탑을 보고 내려와 호수를 따라 베이하이공원 북쪽으로

걷는다. 호수를 지나서 옛날 베이징의 저녁을 알리던 북이 있는 고루로 갈 참이다. 카페와 바가 더 많은 왼쪽을 택했다. 호수를 바라보고 카페에서 시원한 맥주 한잔으로 목을 축이기 위해서다. 심드렁하게 기타를 치며 노래하는 카페 창가에 앉아 녹음 속 호수를 바라보면서 잠시 앉았다가 다시 걷는다. 호수 북쪽 끝지점에 이르렀다. 베이징의 옛 골목인 후퉁胡同이다. 인력거꾼들이 줄지어 서서 인력거를 타고 돌아보라며 호객한다.

베이하이 북쪽과 고루, 종루 사이에는 옛날 골목이 그대로 보존되어 있다. 골목마다 작은 소품과 먹거리를 파는 가게가 즐비하다. 관광철이나 국경일 같은 휴가 기간에는 사람에 치여 길을 가기 힘들 정도다. 골목을 통과해서 북쪽으로 가면 먼저 고루가 있고, 그 뒤로 종루가 있다. 종루는 굳이 보지 않아도 되지만 고루는 꼭 올라야 한다. 그 계단이 가팔라서 오르기에 무척 힘들지만. 1898년에 중국에서는 청나라를 지키고 서양을 몰아내자는 '부청멸양扶淸滅洋'이란 구호를 내건 의화단운동이 일어난다. 그러자 1900년에 일본, 영국, 미국 등 8개국 연합군이 의화단을 진압한다는 명분으로 베이징을 점령했다. 8개국 연합군은 베이징을 나누어 차지했는데, 이때 일본군이 고루에 있는 북을 총검으로 찢었다. 중화민국 시절에 고루는 치욕을 되새기는 곳이란 뜻으로 명치루明恥樓라 불리기도 했다. 지금은 그 찢긴 북을 한쪽에 전시하고 가운데에는 그 북을 본떠서 만든 북과 함께 24개의 북이 놓여 있다.

아침에 종을 쳐서 백성을 깨우고 북을 쳐서 백성에게 저녁을 알리는 일이란 무엇인가? 단순히 시각을 알려주는 일만이 아니라 땅의 삶이 하늘에 닿아 있음을, 하늘의 운행에 백성의 삶의 운행이 연결되어 있음을 일깨우는 일이다. 하여, 고루에서 북만 보고 내려오면 후회한다. 고루 한가운데 있는 큰 북을 등에 지고 남쪽을 향해 한가운데 서면 세상의 중심선에 서게 된다. 이를 중축선中軸線이라고 하는데, 베이징을 동서로 나누는 중심선이다. 그 선을 따라 남쪽으로 쭉 가면 고궁 뒷산, 즉 명나라 마지막 황제가 목매 죽은 경산景山이 이 중심선을 따라 둘로 나뉜다. 더 남쪽으로 가면 이 선을 따라 고궁이 둘로 나뉘고, 그 중심선에 명나라와 청나라 황제 27명이 앉았던 의자가 놓여 있다. 그리고 더 남쪽으로 가면 톈안먼 광장에 있는 중국 국기봉을 통과한다. 다시 남쪽으로 가면 마오쩌둥기념관의 정중앙을 통과하고, 그 선에 방부 처리된 마오쩌둥이 누워 있다. 더 남쪽에는 이 선에 황제가 하늘에 제사 지내던 천단天壇이 있다. 중국인은 이 중축선은 하늘에 있는 옥황상제가 사는 자궁紫宮과도 통한다고 여겼다. 자금성이라는 고궁의 별칭도 자궁을 뜻하는 '자紫'와 일반인은 출입할 수 없다는 '금禁' 자가 합쳐진 이름이다. 대칭과 균형을 추구하고 통치의 합법성이 하늘에서 온다는 중국인의

베이징을 동서로 나누는 중심선인 중축선

철학이 베이징 도시 설계에 녹아 있다. 옛날 중국 통치자는 자신이 통치할 정당성이 하늘에서 온다고 생각했다. 그래서 하늘에 지성을 드리면서 하늘의 마음을 얻으려 했다. 하지만 하늘은 비와 바람, 햇살보다는 백성의 마음을 통해 하늘의 마음을 전했다. 민심이 곧 천심이었다. 백성의 마음을 통해 하늘의 마음을 듣는 권력자는 오랫동안 영화를 누리고 나라와 백성은 평안했다. 베이징의 중축선은 단순한 건축의 선이 아니다. 권력의 선이자, 천심과 민심의 선이다. 그 선에 권력자와 그들의 상징물이 놓여 있다. 고루 중축선에 서면 물고기 비늘같이 겹겹이 이어지는 베이징 서민 주택의 기와가 또다른 장관이다. 저 숱한 기와와 비늘처럼 베이징에서 얼마나 많은 왕조와 권력자들이 겹겹이 스러져갔는가.

상하이

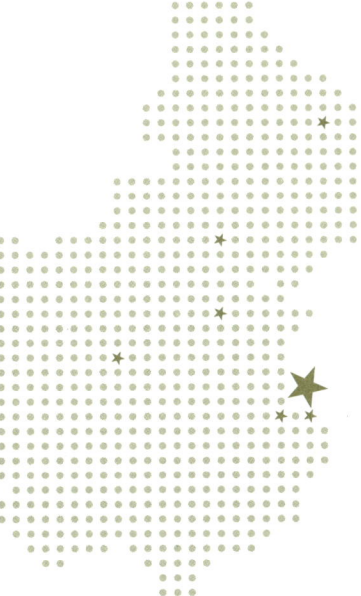

**삶의 경계와
허상을 넘는 욕망**

화려한 혼종의 국제도시 상하이

"과연 상해는 화려하나이다."
"상해 시가는 과연 찬란하더이다."

일제강점기인 1913년, 처음 상하이上海를 본 춘원 이광수가 「상해 인상기」에서 이렇게 적었다. 이광수는 스물세살 때, 오산학교 선생을 그만두고 세계 여행을 하려고 중국으로 향했다. 그런데 우연히 중국 안동현(지금의 단둥시)에서 귀국길에 오르던 위당 정인보를 만난다. 위당은 그에게 돈까지 보태주면서 상하이로 가라고 권한다. 이광수는 그렇게 상하이에 갔다. 위당이 준 돈으로 싸구려 청복淸服도 한벌 사 입었다. 배가 다롄, 칭다오를 거쳐 상하이에 닿자, 그의 눈앞에 신세계가 펼쳐졌다. 화려하고 찬란한 도시 상하이, 어디 이광수의 눈에만 그렇게 보였을까. 그 당시 상하이를 처음 찾는 조선 사람 눈에는 다 그랬다. 황푸강黃浦江 부두에 내려서 당시 조선인이 주로 살던 프랑스 조계 지역까지 인력거를 타거나 걸어서 난징로南京路를 지나다보면, 상하이의 찬란함과 화려함에 압도된다.

  상하이는 지금도 화려하다. 여전히 찬란하다. 그런데 상하이의 찬란함과 화려함에는 독특한 데가 있다. 그 독특함은 중국적인 것과 서구적인 것이 섞인 혼종성에서 온다. 상하이의 도시 개성이기도 한 이러한 혼종성은 상하이라는 도시가 탄생한 역사 배경에서 비롯된다. 상하이는 아편전쟁 때 청나라가 영국에 진 대가로 개항했다. 전쟁에서 이긴 영국이 제일 먼저, 그리고 이어서 미국과 프랑스가 상하이 동쪽 지역에 선을 긋고, 자기 땅처럼 통치했다. 잠시 빌린 땅, 조계지租界地란 이름으로 상하이를 차지하고 주인 노릇을 한 것이다. 이들 제국주의 국가는 상하이에 서구적인 것과 현대적인 것을 심었다. 서구적이고 현대적인 건물을 짓고, 서구와 같은 백화점을 짓고, 댄스홀과 바, 경마장을 지었다. 황푸강을 따라 중국에 서구적인 건축들을 전시하면서 제국주의의 위용을 과시했다. 그래서 이광수는 상하이를 보고서 상하이는 중국이 아니라 "세계의 축도로 보아야만 하나이다"라고 했다. 세계가 모인 곳이 상하이였다. 서구인은 물론이고, 인도인도 당시 인도를 통치하던 영국인을 따라 상하이에 왔고, 사회주

예나 지금이나 여전히 화려하고 찬란한 거리 난징로

의 러시아가 수립되자 돈 많은 러시아인도 사회주의를 피해 상하이에 왔다. 중국 정복을 꿈꾸는 일본인도 왔다. 그리고 조선인도 왔다. 일본 제국주의가 다스리는 조선에 살 수 없어서 상하이에 오기도 했고, 돈을 벌러 오기도 했고, 상하이를 거쳐 미국이나 유럽으로 유학을 가려고 오기도 했다. 이렇듯 온 세계에서 몰려들다보니, 상하이는 그야말로 "인종 치고 아니 사는 이 없으며, 물화 치고 아니 노니는 이 없고, 수십개국 통화가 다 통용"(이광수 「상해 인상기」)되는 국제도시가 되었다. 이렇게 여러가지가 뒤섞인 혼종성이 상하이의 도시 개성이 되었다. 물론 상하이의 개성인 혼종성에는 식민성도 당연히 들어 있다. 그래서 이광수는 앞의 글에서 상하이의 화려함에 압도되면서도, "아아, 이러한 문명의 주인이 누구이오니까. 중국이 이 문명과 얼마나 관계가 있사오리이까"라고 물었다. 화려한 상하이에 놀라면서도 제국주의 땅이 된 식민지 상하이를 본 것이다. 상하이는 더는 중국의 땅이 아니라 영국과 미국과 프랑스 땅이었고, 나중에는 일본 땅이 되었다.

상하이는 찬란하고 화려한 식민지였지만, 그 화려함의 한 꺼풀만 벗기면 더없이 타락한 지옥 같은 곳이기도 했다. 작가 김광주의 눈에는 그렇게 보였다. 작가 김훈의 아버지인 김광주는 의학을 공부하러 상하이에 왔다. 그런데 의학에는 관심이 없어 문학을 하고, 김구 등 독립운동가와 어울려 지냈다. 그런 김광주의 눈에 프랑스 조계지에 있는 상하이 최대 번화가인 샤페이로霞飛路는 "도덕도 양심도 이지도 예술도 문학도 시도 없"는 곳이었다. 그런가 하면 '벚꽃'이라는 필명의 조선 지식인은 상하이를 두고 이렇게 비판한다. "인력거, 거지, 갈보 이 세가지는 지나(중국―인용자) 아무 도회나 없는 곳이 없겠지만, 상해는 여기에 도박, 아편, 도적이 득실거린다." 유럽풍 빌딩과 최고급 백화점, 화려한 네온사인의 도시가 상하이이기도 했지만 거지, 갈보, 도박, 아편, 도적의 도시가 상하이이기도 했다.

중국에서 가장 아름다운 철교

상하이에는 오래된 멋진 철교가 있다. 내가 좋아하는 상하이 트레일 코스의 시작점이기도 하다. 이곳에서 시작하여 와이탄外灘 끝까지 남쪽으로 걸을 것이다. 오른쪽에는 상하이 식민시대의 화려함이, 왼쪽에는 강대국으로 부상하는 오늘날 중국의 화려함이 마주 서 있다. 그 시작점인 회색 철교는 예전에 가든 브리지Garden Bridge라고 불렸던 와이두바이外渡白 철교다. 이 아치형 철교 밑으로 흐르는 강이 쑤저우허, 한자로 '소주하蘇州河'다. 상하이 사람들이 상하이 젖줄이라고 여기는 강이다. 이 철교는 영국이 세웠다. 중국 최초의 철교다. 철교를 걷다보면 철교 아치 사이로 보이는 푸둥^{浦東} 경치가 멋지다. 야경은 더욱 멋지다. 철교를 지나면 왼쪽으로 황푸^{黃埔}공원이다. 황푸공원은 상하이의 식민 역사의 상징이다. 영국인은 상하이를 차지하고 나서 중국 최초로 서양식 공원을 만들었다. 그런 뒤 공원에 이런 안내판을 세웠다. "개는 출입을 금지하고 중국인도 서양인을 동반하지 않으면 출입할 수 없다." 리샤오룽^{李小龍}(이소룡)이 주연한 영화「정무문^{精武門}」(1972)에서 주인공 진진은 중국인이라 들어가지 못하게 하자, 공중으로 날아올라 발차기로 중국인 출입금지라고 적힌 팻말을 박살 낸다. 영화에서 극적인 효과를 내기 위해 공원 정문에 크게 팻말을 붙인 건 다르지만 실제로 이런 안내문이 공원에 있었다. 영화에서 이소룡이 분노한 것처럼 중국인에게는 더없이 치욕스러운 기억의 장소다. 지금은 이곳에 인민영웅기념비가 서 있다. 이제 중국이 제국주의 국가에 개 취급을 당한 그 치욕을 씻었다는 거다.

황푸공원을 지나 남쪽으로 계속 걷는다. 오른쪽으로 이제 본격적으로 와이탄 만국건축박물관 건물이 펼쳐진다. 식민시대 지어진 서구식 건물이다. 하나하나 건물에 적힌 건축 연대와 건축양식을 보면서 걷다보면 상하이의 전성기인 1920~30년대 올드 상하이 시절 속으로 들어가는 기분이다. 난징동로와 와이탄이 만나는 교차 지점에 있는 건물이 저우룬파^{周潤發}(주윤발)가 주연한 영화「화평반점」(1995)의 무대이기도 한 허핑和平 호텔이다. 찰리 채플린을 비롯하여 수많은 세계 유명인이 묵은 호텔이다. 이 호텔의 올드 재즈 바가 명물이다. 나이 든 연주자들이 올드 상하이 분위기를 한껏 낸다. 분위기는 좋은데 가격이 조금 사악하다. 저녁에만 연주한다. 호텔 복도에는 호텔 역사를 자랑하는 사진이 곳곳에 걸려 있다. 멋진 사진을 찍을 수 있는 장소가 많다. 호텔 9층 테라스 바에 가면 한눈에 황푸강 양쪽 경치를 볼 수 있다.

와이탄에 올라섰다. 우선 눈을 사로잡는 것은 맞은편에 보이는 푸둥 지역의 화려한 고층 건물이다. 용이 붉은 여의주를 물고 있는 모양을 한 동방명주 건물부터 시작하여 그 오른쪽에 병따개 모양의 상하이 월드파이낸셜센터 건물이 눈에 들어온다. 일본계 건물이다. 중국인들은 이 건물 옆 모양이 일본 제국주의 시절 일본 군인들이 허리에 차고 다닌 일본도日本刀 같아서, 중국이 부상하는 걸 경계하는 고약한 의도로 일본이 빌딩을 이렇게 설계했다고 주장하기도 한다. 중국의 부상을 단칼에 자르는 칼 모양이라는 거다. 건물 상층부의 병따개처럼 생긴 네모진 곳은 통풍구인데, 처음 설계할 때는 둥근 원이었다고 한다. 너무 일본스럽다고 건축 심의에서 통과하지 못하고 지금과 같은 병따개 모양이 되었다고 한다. 이 빌딩 옆으로 마치 용이 빌딩을 후벼 파면서 위로 승천하는 듯한 모양을 한 119층짜리 빌딩이 보인다. 상하이타워다. 중국계 건물이다. 믿거나 말거나 식의 이야기지만,

와이탄 월도프아스토리아 호텔의 롱 바

옆에 있는 일본계 건물을 제압하기 위해 용이 하늘로 승천하는 모양으로 설계했단다. 그래서 그런지 빌딩이 중국적이다. 중국인의 마음에서 중일전쟁은 아직도 진행 중이다.

와이탄 석조건물을 따라 걷다가 길의 끝 언저리까지 왔다. 유명한 월도프아스토리아 호텔이 있다. 예전 상하이클럽 건물上海總會大樓이다. 고전주의 양식으로 1905년에 지었다. 여자와 중국인은 출입금지였던 곳이다. 세계에서 가장 긴 33미터짜리 바 테이블이 있어서 유명했다. 지금은 그 정도는 아니지만, 여전히 긴 바 테이블이 있다. 이름 자체가 롱

바$^{\text{long bar}}$다. 1989년에는 중국이 세계에 개혁개방 메시지를 전하기 위해 이곳에 켄터키프라이드치킨^{KFC} 매장을 허가하여, 중국 최초로 문을 열었다. 그래서 지금도 이곳 메뉴에는 격에 어울리지 않게 KFC 치킨이 있다. 물론 비싼 이 바에 들르는 사람보다 계단에서 사진 찍는 사람이 더 많다. 와이탄을 걷느라 지친 다리를 치킨 한조각과 맥주로 푼다.

올드 상하이의 핫플레이스

상하이에 오면 언제나 그렇듯이 와이탄 일대를 걸은 뒤 난징동로를 따라 상하이 도심 안쪽으로 걷는다. 근대 초기에는 이 길에 화려한 서양식 가게와 백화점, 식당 등이 길게 늘어서 있다고 해서 십리양장^{十里洋場}이라 불린 길이다. 배를 타고 상하이에 온 조선인들은 와이탄 부두에서 내려 이 길을 걷거나 인력거를 타고 이 거리를 지나 조선인이 주로 거주하던 프랑스 조계 지역으로 갔다. 상하이 임시정부 청사가 있는 곳도 프랑스 조계 지역이다.

옛 프랑스 조계 지역은 근대 초기 상하이, 흔히 올드 상하이라고 부르는 옛 상하이의 매력을 제대로 느낄 수 있는 도심 산책길이다. 이 지역에는 상하이 근대 전통 양식의 주택이 많이 보존되어 있다. 스쿠먼^{石庫門}이라는 건축 양식의 주택이다. 상하이 임시정부 청사도 그런 전통 양식의 주택이다. 청나라 말기 태평천국의 난으로 혼란한 시절에 주로 이렇게 지었다. 아치형 골목 양쪽으로 까만 대문의 붉은 벽돌집이 들어서 있다. 중국 전통 주택의 특징 가운데 하나는 매우 폐쇄적이고 방어적이라는 점이다. 밖이 아니라 안을 지향한다. 문을 닫으면 안으로 들어갈 방법이 없다. 스쿠먼 양식도 그렇다. 일단 문을 열고 들어서면 다른 세계가 펼쳐진다. 매우 좁은 면적에 2~3층 올린다. 건물 안에 있는 계단도 매우 좁고 가파르다. 조심하지 않으면 미끄러진다. 그런 상하이 전통 주택의 가파른 계단을 오를 때마다 백범 김구 선생 부인이 겪은 비극이 떠오른다. 김구 선생은 임정 청사에서 도보로 5분쯤 거리인 지금의 신톈디新天地 지역인 영경방永慶坊 10호 골목에서 살았다. 이곳도 상하이 임정 청사와 같은 상하이 전통 주택의 구조였다. 김구 선생 아내(최준례)는 둘째아들을 낳자, 시어머니인 김구 선생 어머니가 세숫대야를 들고 좁은 계단을 따라 2층을 오가면서 보살폈다. 며느리로서는 미안한 마음에 자신이 직접 세숫대야를 들고 2층에서 내려가다가 계단에서 굴러서 크게 다친다. 갈비뼈에 폐가 상해서 결국 그녀는 목숨을 잃는다.

프랑스 조계 지역의 근대 전통 주택은 요즘 화려하게 다시 태어나면서, 상하이 최고 명소가 되었다. 전통 주택의 양식은 그대로 둔 채 내부를 개조하여 카페와 식당, 기념품 가게, 세계적인 명품 가게 등으로 탈바꿈했다. 신톈디가 먼저였고, 이어서 장위앤張園 지역이 개발되었다. 특히 장위앤은 요즘 상하이 젊은이들이 찾는 핫플레이스다.

그런가 하면 프랑스 조계 지역에는 예스러운 유럽풍의 근대 석조건물과 더불어 길 양쪽으로 늘어선 플라타너스 가로수가 어우러진 이국적인 산책로도 많다. 프랑스 조계 시절 샤페이로霞飛路라고 불린 화이하이중로淮海中路, 그리고 푸싱중로復興中路, 우캉로武康路, 쓰난로思南路 주변이다. 이 지역은 라오상하이 시절 극장과 클럽, 댄스홀, 바 등이 있던 곳이자, 저우언라이周恩來, 메이란팡梅蘭芳 등 역대 중국 지도자와 지식인, 예술인, 문인, 그리고 두위에성杜月笙 같은 상하이 최대 조폭 두목이 살았던 곳이 널려 있다. 이 지역의 식당과 카페는 조금 가격대가 높지만 제법 수준 있는 서양식이나 중국 전통 요리를 즐길 수 있다.

옛 프랑스 조계 지역을 이리저리 걷는데, 한 가게 앞에 사람들이 길게 줄을 서 있다. 게 요리 전문 식당 체인이다. 오후 1시가 지났는데도 사람이 붐빈다. 원래 줄 서서 기다려야 하는 집은 가지 않는 체질인데, 게살과 게알로 만든 국수가 대체 얼마나 맛있어서 저런지 한번 먹어보자는 심정으로 줄을 섰다. 민물 게 요리는 요즘 상하이에서 뜨는 요리다. 상하이 인근 저장성 일대에서 가을에 즐기던 민물 털게 요리가 이제 상하이의 대표 음식이 되었다. 요즘에는 양식과 냉동

덕분에 사시사철 게 요리가 있다. 찜에서부터 게살 국수까지 요리가 다양하다. 그런데 가격이 비싸다. 게살 국수만 하더라도 한그릇을 만들려면 당연히 게가 여러마리 필요할 터이니, 비쌀 수밖에 없다. 그런데도 요즘 상하이에서는 체인점까지 생길 정도로 유행이다. 양념한 게알을 국수에 비벼 먹는 셰황몐蟹黃面은 한그릇에 우리 돈으로 3만원이 훌쩍 넘는다. 20분 동안 밖에서 줄을 섰다. 한국에서는 절대 하지 않는 일이다. 붐비는 식당 구석 한자리를 차지하고서 게살 국수 한그릇, 그리고 부추 소가 든 군만두 세개를 시켰다. 국수 한그릇에 게 15마리의 살이 들어간다고 써 붙였다. 무엇보다 식당이 시끄럽고, 비싸고, 내 입맛보다 약간 짭짤해서 내 취향은 아니다. 그런데도 전반적으로 국수 맛이 훌륭하다. 상하이에 가면 줄을 서더라도 먹어볼 만하다.

배부른 김에 힘을 내서 다시 걷는다. 난징서로가 끝나는 곳에 있는 징안사靜安寺(정안사)까지 왔다. 상하이 중심가를 동서로 가로지른 셈이다. 징안사는 상하이 랜드마크 가운데 하나인 절이다. 경내가 온통 향 연기로 가득하다. 요즘 중국 청년들 사이에 종교 열기가 높다. 한 통계에 따르면 갖가지 종교 사원에 입장한 관람객 중에서 청년 비율이 크게 늘었다. 취업도 어렵고 살기가 힘들어서 그렇다. 여러 종교 사원에 가서 취업하게 해달라고, 돈 벌게 해달라고, 집 사게 해달라고 기원하는 것이다. 사회주의 중국에서도, 자본주의 한국에서도 청년들이 힘든 건 똑같다.

숨 막히는 향 연기에서 빠져나와 징안사 옆에 있는 작은 서점에 들른다. 일반 서점이 아니다. 진열된 책을 보면 짐작할 수 있다. 서점은 아파트 건물 1층에 있다. 이 아파트에 살았던 작가를 기리는 서점이다. 이 아파트는 그냥 아파트가 아니다. 근대 상하이를 상징하는 작가 장아이링張愛玲이 살던 곳이다.

일상은 멈췄다가도 다시 흐른다

1943년 8월 상하이 시내를 오가는 한 전차가 멈춘다. 갑자기 공습경보가 발령된 것이다. 상하이를 상징하는 작가 장아이링의 단편소설 「봉쇄封鎖」(1944)는 이렇게 상하이에 공습경보가 울리고, 달리던 전차가 멈추면서 시작한다. 상하이는 1937년 일본이 중국을 침략하면서 기울기 시작한다. 일본은 1932년 1월 상하이사변을 일으킨 뒤로 상하이에 진주했다. 그뒤 중일전쟁이 일어나면서 일본이 상하이를 점령하자 서구인과 서구 자본이 상하이에서 빠져나간다. 전쟁으로 상하이에 공습경보가 울리는 일도 잦았다. 공습경보가 울리면 거리가 봉쇄되고 모든 게 멈추었다. 멈춘 전차 일등칸에는 한 남자가 타고 있다. 은행에서 일하는 회계사다. 평범한 일상의 퇴근길이었다. 그는 신문지에 싼 바오쯔包子를 손에 들고 있다.

중국에서는 보통 안에 아무런 소도 들어 있지 않은 빵을 만터우饅頭라고 부르고, 소가 들어 있는 것은 바오쯔라고 부른다. 그런데 상하이에는 이런 구별이 없다. 그냥 바오쯔라고 부른다. 사실 청나라 때만 해도 중국에서 이렇게 나누어 부르지 않고 우리처럼 그냥 만두라고 불렀다. 상하이 바오쯔 중에서도 특히 안에 육즙이 들어 있는 샤오룽바오小籠包가 유명하다. 혼종의 도시답게 여러 지방 음식이 섞여 있는 상하이에서 굳이 상하이 요리를 찾자면 샤오룽바오다. 바오쯔 안에 육즙이 들어 있는 샤오룽바오가 상하이를 대표하는 음식이다. 특히 한국인들에게는 더욱 그렇다. 풍부한 육즙과 얇은 피의 식감이 잘 조화를 이루는 게 중요하다. 통째로 먹다가는 뜨거운 육즙이 터져 입을 델 수 있다. 작은 샤오룽바오를 중국식 숟가락에 얹은 뒤 피의 옆을 살짝 터서 먼저 국물을 맛본 뒤 먹는 게 안전하다. 나중에 적당히 식은 뒤에는 통째로 입에 넣어 육즙과 피와 소의 조화를 즐기는 것도 방법이다. 물론 위위안豫園(예원)에 있는 난샹만터우南翔饅頭는 피도 두껍고 크기도 주먹만 해서, 아예 빨대를 꽂아서 육즙을 먹는다. 샤오룽바오만이 아니라 성젠바오生煎包도 있다. 우리나라 만두처럼 둥글게 만들어서 꼭지를 접어서 주름을 잡은 뒤 구운 만두다. 군만두의 일종인 성젠바오는 요즘 상하이를

상하이를 대표하는 작가 장아이링

대표하는 음식이다. 새우와 돼지고기, 게살 소를 주로 넣는다. 밑부분 구운 데는 바삭하고 위는 부드러워서 이런 만두피의 식감을 진한 육즙과 더불어 즐길 수 있다. 만두를 구울 때 굽는 넓이, 굽는 정도가 맛을 좌우한다.

소설 「봉쇄」에서 일본의 공격으로 공습경보가 울려서 멈춘 전차 안의 퇴근길 남자 손에는 아내가 저녁거리로 사오라고 한 바오쯔가 들려 있다. 전차가 멈춘 김에 하나 꺼내 먹고 싶은데, 바오쯔에 신문지가 들러붙어 있다. 바오쯔에 들러붙은 신문지를 읽던 그의 눈에 한 여성이 들어온다. 대학교에서 영어 강사를 하는 여성이다. 원래 집에서는 착한 딸이고 학교에서는 착한 학생이었다. 그녀는 멈춘 전차에서 학생이 본 시험 답안지를 꺼내 채점한다. 영어 강사지만 외국에 가본 적이 없어서 학생에게 늘 무시당하는 처지다.

멈춘 차 안에서 무료하던 남자는 이 여성에게 대학에서 공부하는 사람인가 싶어서 말을 건다. 둘 사이 대화가 시작되고, 남자는 여자에게 푸념한다. 매일 왜 가는지, 왜 오는지도 모를 정도로 전차를 타고 회사를 오가는 삶을 그녀에게 말한다. "돈을 벌기 위해서라고 하지만, 누굴 위해서 버는 건지도 모르겠다"라고 한탄한다. 그런 남자 말을 들으면서 여자는 이렇게 생각한다. "그렇지! 이 사람 아내도 그를 동정해주지 않는 거야. 세상에 아내 있는 남자는 다 다른 여자의 동정을 간절히 필요로 하는 것처럼 보인다니까." 그러면서 지금 이 남자는 무척 생각이 단순한 사람이라고 판단하고, 이 남자에게는 자신을 이해하고 마냥 감싸줄 여자가 필요하다고 생각한다.

남자가 주로 말하고, 여자는 듣는다. 왜 그런가? 소설에서 화자는 이렇게 말한다. "연애할 때 남자는 항상 말하기를 좋아하고 여자는 항상 듣기를 좋아한다. 연애할 때 여자들이 특별히 말을 잘하지 않는 건 남자들은 여자에 대해서 다 알고 나면 이내 그녀를 사랑하지 않게 된다는 걸 여자는 무의식적으로 너무나 잘 알기 때문이다." 연애하는 남녀란 예나 지금이나 다 이런가.

그렇게 말을 늘어놓던 남자는 어느새 자기 때문에 한 여자가 얼굴을 붉히고 미소를 짓고 고개를 숙이는 걸 보면서 모처럼 낯선 감정에 휩싸인다. 그녀 앞에서 그는 지금 한 남자가 되어 있는 것이다. 지금까지 그는 회계사이자 퇴근길에 만두를 사가는 남편이었고, 아이의 아빠였고, 집안의 가장이었다. 그러나 이제 이 낯선 여자 앞에서 온전히 한 남자인 자신을 발견한다.

두 사람은 사랑에 빠진다. 남자는 서른다섯, 여자는 스물다섯이다. 남자는 여자에게 다시 결혼하겠다고 말한다. 여자는 자기 가족을 떠올린다. 그들은 먼지 하나 묻지 않은 좋은 사람들, 소설 속 표현으로 호인好人이다. 그런 가족에 비해 이 남자는 진실해 보였다. 여자는 돈도 없고 유부남인 이 남자와 결혼하겠다면서, 자신을 돈 있는 집안으로 시집 보낼 생각만 하는 가족을 향해서 이렇게 속으로 소리친다. "그래, 그 사람들 어디 한번 속 터지는 꼴 좀 보라지. 분통 터져 죽어도 싸지!" 좋은 집안에서, 좋은 가족 틈에서, 좋은 딸이자 좋은 학생으로 자란 그녀가 이제 다른 삶을 살 결심을 한 것이다. 자신의 삶을 살기로 한 것이다.

그런데 이 두 사람은 왜 이렇게 갑자기 가까워지고 순식간에 서로를 사랑하게 된 것일까? 공습경보로 일상이 멈추자, 일상의 삶에 억눌린 채 의식의 수면 아래 잠재해 있던 무의식 세계의 욕망이 수면 위로 올라온 때문이다. 남자는 가장과 유부남, 회사원으로 일상을 사는 사람이다. 아내 말에 따라 신문지로 포장한 바오쯔를 사서 퇴근하는 평범한 삶을 사는 회계사다. 그런데 그는 공습경보로 그런 평범한 일상이 멈춘 순간, 일상의 삶 경계를 넘어서 새로운 자기를 발견한다. 가장이자 유부남이자 평범한 회사원을 넘어서 그녀 앞에서 그는 남자가 되었다.

여자는 어떤가. 그녀는 '좋은'이나 '훌륭한'이라는 수식어 속에서 살았다. 그녀의 집안에서는 좋은 집안을 찾아서, 돈 있는 남자를 찾아서 결혼시키려고 한다. 더구나 대학 영어 강사인 그녀는 유학을 다녀오지 않았다는 이유로 학생들에게 무시당한다. 일상을 넘어 탈출구를 갈구하는 상황이다. 그녀는 일상이 멈춘 순간, 좋은 가족들 속에서 좋은 딸, 좋은 학생으로 살아온 삶의 경계를 넘어 이미 부인이 있는 남자를 택하기로 한다. 그녀 역시 남자와 마찬가지로 그동안 일상에 억눌린 채 잠재되어 있던 무의식 세계의 욕망이 수면 위로 올라온 것이다. 일상이 봉쇄되고 닫힌 순간 그들은 무의식의 세계가 열리면서 전차 안에서 새로운 자신을 발견한다. 우리 삶에서 무의식이란 늘 이렇다. 일상에 균열이 생기는 순간 언제든 그 틈새를 비집고 위로 올라온다. 삶에서 의식과 무의식 사이의 경계란 늘 이렇다.

그런데 일상은 물 같아서 잠시 멈추었다가도 다시 흐른다. 일상의 흐름을 정지시킨 봉쇄가 열어준 새로운 삶의 경계 속에서 두 사람이 다른 삶을 살기로 결심한 그 순간, 봉쇄가 풀리려고 한다. 일상이 다시 흐르기 시작하는 것이다. 승객들이 다시 자기 자리를 찾아 앉는다. 그때 남자가 말한다. 안 된다고, 자기 때문에 당신의 장래를 망칠 수 없고, 자기는 돈도 없다고 말한다. 그러자 여자가 역시 문제는 또 돈 때문이라고 생각하면서, 속으로 말한다. "다 끝났어!" 여자는 눈물을 쏟으며 펑펑 운다. 이 남자도 결국 좋은 사람으로 변했다고, 이 세상에 좋은 사람이 한 사람 더 늘었다고 생각하면서 운다.

이윽고 봉쇄가 풀리고 전차가 다시 움직인다. 여자는 봉쇄된 순간에 일어난 일이 꿈 같은 거였다고 깨닫는다. 집에 돌아온 남자는 여느 날처럼 밥을 먹고 침실로 가서 불을 켠다. 그때 기어가던 까만 벌레 한마리가 방이 환해지자 갑자기 멈춘다. 생각하느라고 멈춘 걸까? 그가 불을 껐다. 그의 온몸에 땀이 맺히고 벌레가 그의 몸속에서 기어다니는 것 같다. 그는 다시 불을 켠다. 하지만 까만 벌레는 어디로 가버렸는지 보이지 않았다. 장아이링의 소설 「봉쇄」는 이렇게 끝난다. 그가 일상이 정지된 봉쇄의 시간을 지나서 다시 일상으로 돌아왔듯이, 그의 침실에 있던 벌레도 불이 꺼지면 다시 어둠 속에서 기어간다. 결국, 이 남자가 벌레인가, 벌레가

이 남자인가?

1940년대 상하이만이 아니라 우리 삶에도 불현듯 공습경보가 울리고 일상이 정지되는 봉쇄의 시간이 있다면, 우리 자신의 진정한 모습을 대면할 수 있을까? 소설에서 여자는 "세상은 진인眞人보다 호인이 훨씬 많다"고 했다. 그렇다. 다들 일상에서 호인의 삶을 산다. 하지만 호인의 삶이 꼭 진정한 자신의 모습으로 사는 진인의 삶은 아닐 수 있다는 걸, 이 소설은 말한다. 어쩌면 우리는 늘 어느 한순간 진인이 되길, 진인을 만나길 꿈꾸면서 호인의 삶을 살고, 호인으로 일상을 산다. 그것이 비루할지라도 그것이 삶이고, 일상적 삶의 경계다. 어쩔 수 없이 가끔은 그것이 허물어지는 꿈의 경계를 욕망하면서 그렇게 산다.

나라의 경계, 사랑의 경계

장아이링의 소설 「봉쇄」를 잡지에서 읽은 한 남자가 그녀를 찾아온다. 난징에서 지내던 그가 상하이에 와서 징안사靜安寺 옆 그녀의 아파트를 찾는다. 장아이링이 살던 아파트는 지금도 징안사 옆에 보존되어 있다. 1층에는 작은 서점이 있다. 그녀가 살던 아파트에 있는 서점답게 그녀의 작품이 많다. 장아이링의 소설에 반해서 그녀가 사는 아파트를 찾아온

작가 장아이링이 살던 아파트로, 1층에는 그녀의 작품이 많이 진열된 서점이 있다.

이 남자, 그녀가 없자 메모를 남긴다. 이 메모를 본 장아이링이 그를 찾아가고, 그렇게 두 사람은 사랑하는 사이가 되고, 결국 결혼한다. 이 남자 이름은 후란청胡蘭成으로, 유부남이었고, 일본이 상하이를 점령하고 나서 세운 괴뢰정부 선전부에서 일하던 친일파였다. 이 남자는 잘생기고, 글 잘 쓰고, 여자들에게 인기가 많았다. 평생 부인이 8명이었다. 이제 장아이링은 친일파 중국인과 결혼한 여자가 되었다. 상하이에서 가장 유명한 작가가 친일파 유부남의 여자가 되었다는 것, 상하이를 넘어서 온 중국을 뒤흔든 뉴스였다. 작가 장아이링과 친일파 후란청의 사랑 이야기는 그녀가 쓴 소설을 영화

화한 「색 , 계 」(2007)와 닮았다. 거기서도 주인공 여성은 친일파를 처단하기 위한 공작을 수행하다가 친일파와 사랑에 빠지지 않는가.

그런데 후란청이라는 남자가 장아이링의 작품 「봉쇄」를 보고 장아이링을 높이 평가한 이유가 걸작이다. 그는 이 작품을 남자의 심리를 잘 포착한 명작이라고 생각했다. 그래서 장아이링에 관심이 생겼다. 그런데 「봉쇄」보다 남자의 심리를 더 잘 포착한 장아이링의 또다른 작품이 있다. 「붉은 장미, 흰 장미」(1944)다. 이 소설 속 남자는 영국 유학까지 다녀와서 상하이 외국 회사에 다니는 인물이다. "이상적인 중국의 현대적인 인물"이라고 자부하는 남자다. 그런데 여성에 관한 생각은 어떤가? 그는 세상 모든 여자는 남자에게 둘 중 하나라고 생각한다. 붉은 장미이거나 흰 장미. 모든 남자의 마음속에는 이런 두 속성의 여인이 있기 마련이라고 여긴다. 그런데 문제는 남자들이 붉은 장미를 선택해도 시간이 지나면 흰 장미를 그리워하고, 흰 장미를 만나서 시간이 지나면 붉은 장미를 그리워한다는 것이다. 그게 세상 남자들 속성이라고 생각한다.

여자다움을 이렇게 마음대로 두가지로 정해놓은 이 남자는 붉은 장미인 열정적인 유부녀 여성과 사랑에 빠진다. 하지만 그 여성이 이혼하고 자신과 결혼하겠다고 하자, 정신이 번쩍 든다. 뒤로 물러서고 그녀와 헤어진다. 그런 뒤 흰 장미 같은 여성과 결혼한다. 처음에는 이 여성에게 만족하지만 결국 멀어진다. 그러는 사이에 반전이 일어난다. 흰 장미 같던 자기 부인이 다른 남자와 바람을 피운다. 그의 기준에 따르면 붉은 장미가 된 것이다. 그리고 우연히 만난 옛 연인, 즉 자신에게 붉은 장미였던 여인은 아이를 데리고 치과에 가는 흰 장미가 되어 있었다. 장아이링은 남자란 그런 존재라는 것, 남자는 여자를 늘 그런 눈으로 본다는 것을 들춰내면서, 붉은 장미와 흰 장미 둘 중 하나로 여성다움을 규정하는 남성의 시선을 통렬하게 해체하고 거기에 복수한다.

아빠가 해준 음식이 그리운 중국인

오래전 상하이에 있는 명문대학인 푸단(復旦)대학 중문과 교수 집에 저녁 초대를 받은 적이 있다. 유명한 학자이자 문학평론가인 그는 상하이 억양이 강한 상하이 토박이다. 그의 집에서 만난 그는 학술회의 장소에서 만난 모습이나 문학평론 속의 모습과는 또 달랐다. 그때까지 말로만 듣던 상하이 남자를 직접 보는 느낌이었다. '상하이 남자 같다'는 말은 중국인이 흔히 하는 농담이다. 섬세하고 친절하고, 무엇보다 가정적이고, 여성에게 세심한 남자를 그렇게 부른다. 그런데 요리 잘하고 가정적이라는 기준으로 보면, 딱히 상하이 남자들만 그런 것은 아니다. 한국 남자하고 비교하면 더욱 그렇다. 중국 남자들은 요리를 잘한다. 그러다보니 한국인들은 엄마표 음식을 그리워하지만, 중국인들은 아빠표 음식을 그리워한다. 중국 대학생은 모두 기숙사 생활을 한다. 집을 떠나 기숙사 생활을 하는 중국 대학생을 대상으로 한 어느 여론조사에 따르면, 아빠 음식이 그리운 사람이 80퍼센트, 엄마 음식이 그리운 사람이 20퍼센트였다. 우리 TV 예능 프로에서 가끔 중국인 시아버지, 아버지, 남편이 가족을 위해 주방에서 음식을 하는 장면을 보면 우리는 낯설어한다. 그런데 중국 남자가 음식 하는 걸 낯설어하고 이상하게 생각하는 한국 시청자 반응을 중국인들은 오히려 낯설어하고 이상하게 여긴다. 중국 네티즌들은 이와 관련된 한국 예능 동영상과 시청자 반응을 퍼 나르면서 남자가 주방에 들어가지 않고, 집에서 요리하지 않는 한국의 가족 문화를 신기하게 여긴다.

엄마가 해준 음식이 그리운 한국인, 아빠가 해준 음식이 그리운 중국인, 이 차이는 어디서 오는가? 문화적으로 보면, 한국 남자나 중국 남자나 다 공자의 후예다. 같은 유교 문화권에 속한 남자다. 그런데 어디서 차이가 난 것일까? 중국 남자도 원래는 그렇지 않았다. 여자를 무시하고, 부엌일은 여성이나 하는 일이라고 생각했다. 전통 시대는 물론이고 근대 시기에도 그렇게 생각했다. 한국 남자와 같았다. 그런데 사회주의 시대가 시작되고 나서 달라졌다. 마오쩌둥 사회주의 시대를 두고 긍정적·부정적 차원에서 여러가지 다양한 평가가 있을 수 있다. 하지만 남녀관계 차원에서 보자면 마오쩌둥 사회주의 시대는 가부장 문화를 단절하고, 남녀관계를 새롭게 세운 시대다. 무엇보다 여성에게 사회적 노동을 제공하는 한편, 가사노동, 육아노동 부담을 줄였다. 밥도 공동 식당에서 먹거나 사다 먹어서 집에서 밥할 일이 없어졌다. 마오쩌둥 시대에 지은 아파트의 주방이 손바닥만 한 것은 이런 때문이다. 탁아소 시스템이 잘되어 있어서, 출근할 때 아이를 직장 탁아소에 맡기고, 퇴근할 때 찾았다. 심지어 아이를 일주일 동안 맡기는 시스템도 있었다. 여성이 사회적 노동에 참여하는 것은 보장되어 있지만, 밥하고 아이 키우는 부담이 여전하다면 여성은 집 안으로 다시 들어갈 수밖에 없다. 그런데 마오쩌둥 시대 중국은 여성의 가사와 육아 부담을 줄여주는 시스템을 마련하면서 여성의 지위가 확연히 달라지는 계기를 맞았다.

여기에 가부장인 남자의 경제권이 치명적인 타격을 받으면서 남녀관계에 변화가 일어난다. 자녀의 결혼 같은 집안 중대사에 대한 결정권이 가부장의 손에서 공동생활을 하는 직장의 장에게로 넘어갔다. 노동 점수에 따라 집에 필요한 물자를 배분하고, 돈을 줄 때도 집안 단위로 가부장에게 주는 게 아니라 집안 식구 수에 따라 배분했다. 이게 왜 중요한

가? 코로나19가 한창일 때 우리 정부가 코로나 생계 지원금을 가족 한 사람 한 사람의 통장이 아니라 집안의 가장 통장에 넣어준 것을 떠올리면 그 의미를 이해하기 쉽다. 권력은 결국 경제권에서 나오기 마련인데, 마오쩌둥 시대에 가장이 지닌 경제권과 집안 의사 결정권이 해체되었고, 이게 가부장제 해체에 큰 역할을 한 것이다.

중국의 경험을 보면, 세상을 바꾸기 위해서는 제도를 바꾸는 게 중요하다. 하지만 세상이 바뀌고 제도가 바뀌는 것은 필요조건일 뿐 충분조건은 아니다. 생각도 바뀌고 문화도 바뀌어야 한다. 장아이링의 소설 「붉은 장미, 흰 장미」에서 영국 유학도 다녀오고 새로운 세상의 물을 먹을 만큼 먹은 남자조차 여성이란 붉은 장미이거나 흰 장미 둘 중의 하나라고 생각하지 않는가.

남녀의 경계가 그렇듯이, 삶을 나누는 경계란 한 걸음만 깊이 생각해도 알 수 있는 참 부질없는 허상이다. 대개 인간의 삶에 놓인 수많은 경계는 현실과 대상을 관념으로 재단하고 나누어서 생긴다. 달에게는 어둠과 밝음이 원래 자신 안에서 하나인 채로 있는데, 인간의 눈은 그것을 상현달과 하현달로 나눈다. 원래 하나이고 분절할 수 없는 현실과 대상을 원래대로 보고 인정하는 게 아니라 관념의 눈으로 나누고, 그것을 질서로 만들고, 심지어 그 질서에 가치와 우열을 부여한다. 그러한 관념의 질서는 당연히 허상이다. 현실과 대상을 있는 그대로 보는 게 아니라 관념의 눈으로 보면서 정체성을 만들어내기 때문이다. 그런데 우리 삶에서 그 부질없는 허상인 삶의 경계가 관습이 되고, 문화가 되고, 제도가 되는 순간, 어느 바위보다 더 무겁게 삶을 짓누르고, 어느 칼보다 더 예리하게 삶을 베고 상처를 낸다. 남자다움이라는 것, 여성다움이라는 것을 대하는 우리의 관념만 해도 그렇다. 어디 이뿐일까. 관념이 만들어낸 '다움'을 강조하거나 특정한 정체성을 강조하는 숱한 허위의 잣대가 우리 삶에 얼마나 많은가?

그런데 노자가 그러지 않던가. 도에 이름을 붙여 부르면 그 순간 도는 늘 그러한 도에서 멀어진다고(道可道, 非常道). 사람은 누구나 이름을 가지고 있다. 하지만 그 사람의 그 이름은 결코 그 사람 본연의 모습을 다 담지 못하고, 그 사람의 정체성을 상징하지도 못한다. 그저 이 사람을 저 사람과 구별하기 위해서 이름을 지을 뿐이다. 이름은 본질이 아니라 구분을 위해서 제한적으로 유용한 허상일 뿐이다. 그래서 노자는 이름 짓는 일이 지닌 한계를 보라고 촉구한 것이다. 노자의 이 언급은, 늘 본연의 자연스러운 모습이 있는데, 여기에 이름이나 명칭을 붙이는 문화적 작위가 지닐 수밖에 없는 그 허상의 한계를 경계하며 살라는 지혜의 조언이다. 물론 그런 허상 속에서 살지 않는 인간의 삶이 어디 있느냐고, 삶이란 결국 그런 허상 속에서 사는 일이고, 그래서 삶은 원래 짠한 거라고 생각할 수도 있다. 하지만 그런 허상 너머에 본연의 참다운 모습이 있다는 것을 의식하면서, 늘 그 본연의 모습에 다가가려고 끝없이 애쓰는 게 또한 인간의 삶이고, 거기에 삶의 위대함이 있는 것 아니겠는가.

시안, 옌안

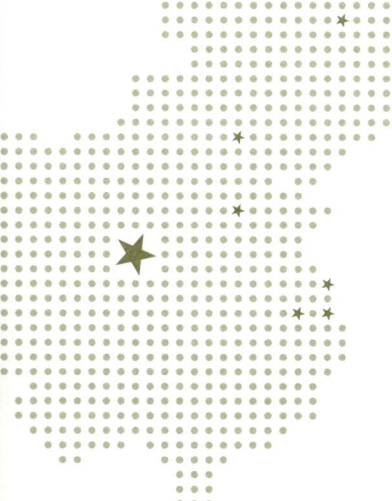

**혁명으로 달려가는
지식인의 마음**

시안판 삼합 요리

산시성 시안西安은 밀가루 좋아하는 사람들의 도시다. 특히 면을 좋아하는 사람들의 천국이다. 밀가루를 멀리하는 사람도 쌀밥보다 빵과 면을 찾게 만드는 도시다. 시안에 왔으면 면을 먹어야 한다. 중국은 친링秦嶺산맥과 화이허淮河강을 기준으로 주식이 나뉜다. 남쪽은 쌀밥이고 북쪽은 면이다(南米北麵). 시안은 그렇게 나뉘는 경계선 북쪽 제일 가까이에 있는 가장 큰 도시다. 밀가루와 면을 먹는 북방 식문화를 상징하는 도시다.

정말 오랜만에 시안에 왔다. 시안에서 첫 점심은 길거리 중국어의 달인인 백종원 셰프의 메뉴를 따라 길거리 작은 식당에서 해결한다. 일종의 '시안판 삼합' 메뉴다. 시안을 대표하는 빵과 면, 그리고 탄산음료수로 이루어진 조합이다. 뱡뱡면, 러우자모, 빙펑이 그것이다.

빙펑氷峯은 귤 맛 탄산음료로, 중국산 환타다. 순수 중국산이다. 사회주의 체제가 들어서고 사회주의 제1차 경제개발 5개년 계획이 시행된 1953년에 탄생한 중국 국민 음료로, 중국인에게는 음료를 넘어서 추억이 되었다. 중국은 미국 코카콜라에 맞서 탄산음료 개발을 국가 차원에서 추진했고, 이때 개발한 음료 가운데 빙펑이 제일 성공한 것이다. 밀가루 음식을 먹을 때 곁들이는데, 캔이 아니라 병으로 마셔야 레트로 느낌이 제대로 난다.

러우자모肉夾饃는 일종의 중국식 햄버거다. 손바닥만 한 구운 빵의 가운데를 갈라서 삶은 양고기를 다져 넣고 소스를 뿌린다. 요즘은 소고기를 넣기도 한다. 빵은 바삭하고 고기는 촉촉하고 부드럽다. 어떤 가게에서는 자기네 고기는 씹을 필요가 없을 만큼 부드럽다고 과장할 정도로, 삶은 고기가 부드러워야 빵의 식감과 잘 어울린다. '모饃'라고 부르는 얇게 구운 손바닥만 한 빵은 시안 음식문화의 상징이다. 모를 손으로 잘게 뜯어 양고기 국물에 풀어서 먹는 양고기 파오모羊肉泡饃도 시안을 대표하는 음식이다.

시안 삼합 중에서 내가 제일 좋아하는 건 뱡뱡면이다. 세상에 있는 면 가운데 면발이 가장 넓은 면이 아닐까. 그래서 허리띠면이라고도 부른다. 국수가 중국에 들어온 뒤로 요리사들은 가늘고 긴 면발을 뽑으려고 경쟁했다. 국수가 생일이나 결혼에 축하 음식이 된 것도 길이 때문이다. 머리가 하얗게 되도록 오래 잘 살라는 의미를 국수에 담았다. 그런데 뱡뱡면은 면발이 가늘면서 긴 게 아니라 넓으면서 길다. 넓지만 쫄깃한 식감을 살리는 적당한 두께를 찾았다. 뱡뱡면은 냉면 그릇만 한 사기그릇에 나온다. 일종의 비빔면인데, 소스가 일품이다. 새콤하면서 매콤하다. 이 지역 매운맛의 특징이다. 쓰촨四川 지역 매운맛은 화하게 맵고, 후난湖南 지역 매운맛은 단순하게 맵다면, 이 지역 음식의 매운맛은 새콤한 매운맛이다. 산시에서는 면을 먹을 때 식초를 콸콸 붓는다고 할 정도로 듬뿍 넣어 새콤한 맛을 즐긴다. 뱡뱡면의 매콤새콤한 소스에 곁들여지는 채소는 많지 않다. 청경채 같은 채소가 조금 오른다. 삶은 달걀이나 다른 재료를 얹는 가게도 있는데, 내 경험으로는 이렇게 하면 오히려 면의 식감을 방해한다. 뱡뱡면에는 비비기 좋을 만큼 파기름이 살짝 뿌려져 있다. 면에 기름을 뿌린다고 유포면이라고도 부른다. 곁들이는 재료가 많지 않아서 면의 맛과 식감을 오롯이 즐기는 게 포인트다.

오랫동안 임페리얼팰리스 호텔 총주방장을 지내고, 한국총주방장협회 회장인 왕성철 셰프 일행과 시안을 여행한 적이 있다. 시안이 속한 산시성을 대표하는 술인 시펑주西鳳酒 공장에도 가보았다. 시펑주와 미식, 그리고 시안의 역사 이야기가 어울린 여행이었다. 시평주는 마오타이茅台, 루저우라오자오濾州老窖, 펀주汾酒와 함께 사회주의 중국이 수립되고 나서 처음 열린 1952년 전국 주류 품평회에서 4대 명주로 인정받은 술이다. 진시황이 개국 연회를 할 때 사용한 술이자, 양귀비가 마시고 취한 술로도 알려져 있다. 술을 한모금 마시면 입에서 화려한 꽃향이 풍기는 술이다. 중국 백주는 향의 종류에 따라 크게 농향, 장향, 청향, 미향 등으로 나누는데, 시평주는 그 향이 남달라서 서봉향(시평향)으로 분류한다. 한국인은 주로 농향 백주만 찾는데, 시평주 맛을 보고 나면 다른 세계를 경험할 것이다. 시평주를 마시면서 시안 곳곳을 돌아보고 미식을 체험하는 멋진 여행이 끝나갈 무렵, 우리나라 최고 한식 셰프의 입맛에는 어떤 시안 음식이 최고일지 궁금했다. 왕성철 셰프의 선택은 역시 뱡뱡면이었다. 한국 5성 호텔에 내놓아도 좋은 음식이라고. 시안에 가면 꼭 먹어야 할 음식이다.

그런데 뱡뱡면이라는 이름, 참 희한하다. 면을 만들 때 반죽을 손으로 길게 늘여치는 소리가 '뱡뱡' 난다고 해서 뱡뱡면이다. 중국어에서 biang이라는 음은 없다. 오직 이 면을 부를 때만 쓰는 음이다. 한자는 더 희한하다. 모두 57획인데, 이 글자를 제대로 쓰는 중국인은 거의 없다. 지금도 이 글자는 휴대폰이

총 57획인 뱡뱡면의 '뱡'

나 컴퓨터에서 입력이 되지 않는다. 손으로 쓸 수밖에 없다. 어디까지나 속설인데, 어느 스님이(다른 설에 따르면 가난한 선비가) 이 면을 먹고 아주 맛있어서 주인에게 세상에 없는 맛에 어울리는 세상에 없는 이름을 짓고, 세상에 없는 한자를 써주었단다.

양고기 요리 천국인 회족거리

시안에는 내가 시안 삼합보다 더 좋아하는 게 있다. 시안 회족거리回民街에서 파는 양고기다. 내가 양고기를 처음 먹은 건 중국과 수교한 그해 1992년 겨울 베이징에서다. 인생 처음이었다. 유학생 기숙사 숙소가 얼추 모양을 갖추자, 아내와 함께 시장에 가서 소고기를 샀다. 기숙사 복도에 있는 공용 주방에서 요리하는데, 아차 싶었다. 팬에 굽는 순간 누린내가 코를 찔렀다. 양고기를 산 거였다. 한입 먹고는 버렸다. 물론 지금은 아니다. 소고기, 양고기 중에서 선택하라고 하면 당연히 양고기를 선택할 정도다. 내 경험으로는 중국에서 양고기는 서북쪽으로 갈수록 맛있다. 흔히 만리장성을 유목민족과 농경민족을 가르는 경계선이라고 한다. 서북쪽으로 갈수록 유목민족 거주지인데, 양을 키우고 양을 즐겨 먹어서 그렇다.

당나라는 통금이 엄하여 오후 6시면 고루鼓樓에서 북을 쳐

양고기를 비롯해 다양한 음식과 가게가 즐비한 회족거리

서 통금을 알렸다. 그 고루 옆에 회족거리가 있다. 양갈비 수육에서부터 양내장 데침 요리와 양꼬치구이까지 양고기 요리 천국이다. 이곳 양꼬치는 클래스가 다르다. 꼬치 하나에 양고기가 대여섯점뿐인데, 크기가 다르다. 꼬챙이는 쇠가 아니라 홍류紅柳라는 나무로 만든다. 중국 사막 지대에서 볼 수 있는 보랏빛 꽃이 피는 홍류 나뭇가지를 양꼬치구이 꼬챙이로 쓰는 건 신장新疆 스타일이다. 다른 지역에서도 파는 이러한 신장 양꼬치는 일반 쇠꼬챙이 양꼬치보다 2배 이상 비싸다. 굽는 과정에서 홍류 나무 향이 고기에 스며들어 향이 독특하고, 육즙이 풍부하고, 식감도 여느 양꼬치와는 다르게 쫄깃하다. 양꼬치에 수육까지 시켜놓고 양고기로 포식을 하다보면 맥주 생각이 간절하다. 하지만 이슬람 가게에서는 술을 팔지 않아서 어쩔 수 없다. 밤이라면 양꼬치를 사서 회족거리 옆에 있는 종루 앞 계단에 앉아서 화려한 야경을 보며 맥주와 함께 먹는 것도 별미다.

시안에 온 관광객은 밤이 되면 두곳으로 몰린다. 북과 종을 쳐서 시간을 알린 고루와 종루 주변, 그리고 대당불야성^{大唐不夜城}(다탕부예청) 주변이다. 시안의 중심인 고루와 종루 주변은 전통적인 관광지다. 대당불야성 지역은 새로 개발한 관광지다. 대안탑^{大雁塔}(다옌탑) 남쪽으로 길게 상가를 조성해 놓았다. 저녁이 되면 종루는 낮에 본 그 건물이 맞나 싶을 정도로 찬란한 조명 속에서 화려하게 재탄생한다. 갖가지 전통 복장을 한 사람들이 종루 앞에 있는 작은 광장으로 몰려든다. 전통 복장을 차려입고 종루의 야경을 배경 삼아 사진을 찍기 위해서다. 물론 젊은이들이 대다수이지만 어른도 많다.

종루 앞 계단에 앉아서 쉬는데, 옆에서 전통 복장 차림인 두 젊은 여성과 한 남성이 바쁘게 사진을 찍는다. 말을 걸었다. 한국에서 왔는데 사진을 같이 찍을 수 있느냐고. 바로 '안녕하세요?'라고 답한다. 다른 한국말을 할 줄 아는 건 아니었다. 난징에서 시안에 놀러 왔단다. 전통 복장은 옆에 있는 대여점에서 빌렸고, SNS에 올리려고 찍고 있단다. 팔선

시안의 중심에 위치한 고루의 화려한 야경

부채를 들고 위아래가 연결된 전통 복장을 했다. 머리까지 옛날 궁정 스타일이다. 방금 중국 사극을 촬영하고 나온 것 같다.

당나라를 세계 최고 국가로 만든 것은 무엇일까

중국 전통 복장이라 하면 한국인은 대개 여성 복장으로는 배우 장만위張曼玉(장만옥)가 즐겨 입은 치파오旗袍나 영화 「황비홍」(1991)에서 리롄제李連杰(이연걸)가 입은 창파오長袍를 떠올린다. 하지만 요즘 중국에서는 그런 차림을 중국 전통 복장이라고 여기지 않는다. 치파오나 창파오는 소수민족인 만주족의 복장일 뿐이라고 생각한다. 그럼 무엇이 중국인이 생각하는 중국 전통 복장일까? 요즘 중국 사람들은, 시안의 젊은이들이 입고 있는 옷 같은 한푸汉服가 진정한 중국 전통 복장이라고 생각한다. 한푸란 글자 그대로 한족의 전통 복장이라는 뜻이다. 그런데 이런 한푸라는 말, 낯설다. 예전에는 전통 복장을 탕좡唐裝(당장)이라고 불렀다. 여기서 한자로 '당唐'이란 당나라를 뜻하기보다는 중국을 가리키는 대명사이고, 그래서 당장이란 중국을 대표하는 전통 복장을 뜻했다. 해외에 있는 차이나타운을 중국인은 당나라 사람들 거리란 뜻으로 '당인가唐人街'라고 부르는 것과 같은 맥락이다.

중국에서는 우리 한복처럼 특정 복식을 전통 복장이라고 부르기가 애매하다. 중국은 56개 민족으로 이루어진 다민족, 다문화 국가다. 그래서 중국이라는 국경 안에 들어가는 56개 민족의 복장 모두가 전통 복장이다. 어느 특정 민족의 전통 복장을 대표로 꼽을 수 없다. 사실 한족이 입은 한푸라고 해도 그저 56개 민족 가운데 하나인 한족의 전통 복장일 뿐이다.

그런데 요즘에는 중국을 대표하는 전통 복장이라는 의미로 탕좡이 아니라 한푸란 말을 쓴다. 한족의 복장을 중국 대표 전통 복장으로 여기는 것인데, 한족이 56개 민족 가운데

90퍼센트 넘게 차지하니까 그럴 수도 있다. 하지만 이렇게 되면 새로운 문제가 생긴다. 한족 말고 다른 민족의 복장은 중국을 대표하는 복장이 아니게 되면 우리에게 중국 전통 복장으로 익숙한 만주족 복장 치파오도 이제는 중국 전통 복장에서 밀려나고, 오직 한족의 한푸만 남게 된다. 전통 복장을 부르는 말이 달라진 데에는 그 나름의 배경이 있다. 한푸라는 말이 등장한 것은 단순히 말의 변화를 넘어 한족 중심주의가 강해지는 오늘날 중국의 변화를 상징적으로 보여준다. 중국이 부상하면서, 특히 2000년대 중반부터 한족 중심주의가 강해지는 분위기를 짐작할 수 있다.

이렇게 한족 중심주의가 강해지고 있을 때, 당나라를 추억하는 건 어떤 의미일까? 2023년 중국인은 당나라와 당시唐詩 열풍에 빠졌다. 「장안 삼만리長安三萬里」라는 장편 애니메이션 때문이었다. 당나라 시인 이백李白과 고적高適을 따라가면서 당나라 유명 시인의 시를 들려주고, 그들의 삶과 찬란한 당나라 문화를 재현했다. 24편의 시와 더불어 당나라 거리가 화려하게 애니메이션으로 부활하여, 당나라의 매력에 중국인이 푹 빠지게 했다. 시안 여행의 열풍도 더 거세게 불었다. 이렇게 중국인은 늘 당나라를 그리워하고 다시 당나라처럼 중국이 세계 최고 국가가 되는 것을 꿈꾸는데, 사실 당나라는 한족만의 나라가 아니고 호족과 한족의 연합 왕조다. 중국 역사를 보면 한족 문화는 늘 주변의 다른 민족과 교류

애니메이션 「장안 삼만리」 포스터

하고, 다른 문화를 흡수하는 과정에서 강해지고 풍요로움을 누렸다. 시안(장안)을 도읍으로 삼았던 13개 왕조 가운데 당나라가 가장 강성했던 이유 중의 하나도 그것이었다. 당나라를 건국한 이연李淵만 해도 그 뿌리는 유목민인 선비족이다. 당나라는 서북부 지역 유목민인 호족과 농경민인 한족이 뒤섞여 융화되면서 찬란한 제국을 이루었다. 싸움이 뛰어난 호족과 문화가 뛰어난 한족이 절묘한 조화를 이루어 강성하고 번성했다. 당 현종이 아들의 아내였던 양귀비를 첩으로 취할 수 있었던 것도 유목민 호족 문화가 그만큼 당나라에 깊숙이 들어왔다는 증거다. 유교 윤리로는 이해가 되지 않지만, 유목민족의 관습으로 보면 이해할 수 있는 일이었다. 그뿐인가. 현종의 신임을 받는 장군이자, 양귀비를 죽음에 이르게 한 계기가 된 안녹산安祿山도 소그드족 아버지와 돌궐족 어머니 사이에서 태어났다. 당나라는 한족만의 나라가 아니었다. 신라인 최치원도 당나라에서 관직을 지내지 않았는가. 당나라는 그렇게 개방적인 다민족 국가였다.

당나라가 강성하고 번영을 누린 배경 가운데 하나는 개방적이고 포용적인 혼종 국가였다는 점이다. 시안은 명나라 이전에는 장안長安이라고 불렸는데, 이 지역은 농경문화인 한족 세계와 유목문화인 이민족 세계의 경계에 있다. 세계문명사를 보면, 서로 다른 문화가 교류하고 융합하는 곳에서 문명은 번성했다. 장안이 바로 그런 곳이었다. 종교와 문화, 인종을 가리지 않고 당나라 수도 장안에서 하나로 섞였다. 그 개방과 포용의 힘이 당나라를 세계 최고 국가로 만들었다. 중국 역사를 돌이켜 보면, 개방적이고 포용적인 왕조는 장수했고 폐쇄적이고 억압적인 왕조는 단명했다. 물론 유목민족에게 정복당하는 일도 있었지만, 유목민족의 뛰어난 기마술과 전투력, 그리고 상업과 무역 능력은 농경민족 한족이 발전하는 데 큰 바탕이 되었다. 호족과 한족 일체 국가였던 당나라를 한족의 나라로만 호명하고 기억하는 것, 이것이 오늘 중국의 추세이지만, 역사적 사실에도 맞지 않을 뿐 아니라 중국의 미래에도 썩 도움이 되지 않아 보인다.

김춘추가 신라에 당나라 색깔을 입힌 까닭

세계 최고 도시였던 당나라의 도읍 장안을 신라의 김춘추가 찾았다. 648년, 신라 진덕여왕 때였고, 당나라 전성기인 태종 22년이었다. 김춘추의 눈에 장안은 어떠했을까? 김춘추는 고구려와 백제에 맞서기 위해서, 신라를 지키기 위해서 당나라에 갔다. 북문에 들어서는 순간 사신을 환영하는 요란한 북소리와 환영 의식, 그리고 바둑판 모양의 계획도시 장안의 세련됨과 웅장함, 화려함에 놀랐을 것이다. 세상 모든 사람과 문물, 종교가 다 모인 장안에 흥분했을 것이다. 당시 장안에는 서아시아는 물론이고 멀리 아프리카까지 세계 각국에서 온 사신, 유학생, 상인이 가득했다. 장안 인구 100만 가운데 5퍼센트인 5만명이 외국인이었다는 통계도 있다. 장안은 당시로서는 세계 최고 도시이자 최대 국제도시였다. 장안에는 동시와 서시 두 시장이 있었는데, 서시에는 외국 물건과 외국에서 들어온 과일 및 채소가 넘쳤다. 당나라 때 장안은 국제적이고 개방적인 도시였고, 당나라가 흥성한 이유 중 하나가 여기에 있었다.

김춘추는 당 태종을 만나서 신라인의 옷을 당나라 스타일로 바꾸겠다고 말한다. 이보다 더 확실하게 당을 추종하겠다는 의사 표현은 없다. 사람들 눈에 잘 띄는 게 옷인데, 옷을 바꾼다는 것보다 신라인에게 보내는, 동시에 당나라에 보내는 확실한 변화 메시지는 없다. 당나라를 모델로 삼아 신라를 혁신하겠다는 김춘추의 의지를 한눈에 보여주는 한편, 신라는 당나라를 사대하는 방법을 통해서 삼국을 통일하겠다는 그의 구상을 보여주는 가시적인 선언이었다. 우리 역사에서 이런 대규모 중국화는 두번 있었다. 신라 진덕여왕 때와 조선 건국 시기다. 조선 건국 초기의 중국화 모델 국가가 명나라였다면, 신라 때 중국화 모델 국가는 당나라였다. 김춘추는 당나라에 다녀온 뒤 당나라를 모델로 삼아 신라를 개조하는 작업을 계속한다. 법령도 바꾸고, 경덕왕 때는 신라의 지명도 중국 지명이나 유학 경전 등에서 가져와 고유어

지명을 한자로 바꾼다.

김춘추의 이런 당나라화^唐化^ 국가 전략, 즉 중국화 전략은 보는 시각에 따라 논란이 될 수 있다. 민족의 주체의식이나 자주성을 중요하게 여기는 차원에서는 사대주의, 속국의식이라고 비판할 수 있다. 반대로 고구려, 백제, 왜, 당나라 등 주변 강국에 둘러싸인 약국이자 소국인 신라의 생존술 차원에서 나온 전략이라고 볼 수도 있다. 요즘으로 치면, 신라의 생존을 위해서, 신라를 선진 국가로 만들기 위해서 당시 글로벌 표준이었던 당나라를 모델로 삼아 신라를 바꾼 김춘추식 세계화 전략, 글로벌 국가 전략이라고 볼 수도 있다.

이렇게 김춘추처럼, 신라처럼 선진강국을 모델로 삼아 나라를 개조하는 일, 우리 역사에서 흔하다. 해방 이후 대한민국은 미국을 글로벌 표준이라고 생각해서 폭넓은 미국화를 진행하고, 북한의 위협에 맞서기 위해 미국과 강한 군사동맹을 맺었다. 김춘추의 당나라행과 신라의 중국화는 단지 과거만의 일이 아니다. 강국에 둘러싸인 한국이 주변 강국과 어떻게 관계를 맺고, 어떤 전략적 선택을 할지는 김춘추의 선택에 찬성하든, 반대하든 그 여부를 떠나서 오늘 한국 현실에서도 여전히 살아 있는 문제다.

소에게 경을 읽어주려거든 이렇게 해라

시안에서 옌안延安에 가려고 새벽길을 나섰다. 아침은 호텔 옆 식당에서 죽으로 해결했다. 유명한 식당인지, 이른 시간인데도 사람이 많다. 중국인은 아침에도 외식한다. 등교하는 학생도, 출근하는 직장인도 길거리에서 아침을 해결한다. 가격도 싸고 메뉴도 다양하다. 내 선택은 바바오八寶 죽이다. 대추, 구기자, 콩, 녹두, 흑두, 흑미 같은 몸에 좋은 8가지가 들어간 영양죽이다. 예전에 음력 12월 8일에 먹은 죽이다. 시안 사람은 대개 아침에는 죽을 먹고, 점심과 저녁에는 면을 먹는다.

시안에서 옌안까지는 약 300킬로미터인데, 고속철 구간이 아니어서 2시간 30분가량 걸린다. 옌안역 광장에서 7번 버스에 올랐다. 요금을 묻자, 운전사가 큐아르QR 코드를 가리킨다. 큐아르 코드를 스캔하여 옌안 대중교통 플랫폼에 접속했다. 이제부터 옌안에서는 버스든 택시든 모두 이것으로 결제할 수 있다. 옌안은 처음이다. 1992년 12월 처음 중국 땅을 밟은 뒤로 중국 여러곳을 다녔고, 여러번 간 곳도 많다. 하지만 옌안은 처음이다. 옌안이 외진 데 있어서 가보기 쉽지 않은 곳이기도 하다. 하지만 그래도 기어이 이곳을 찾아가는 한국인들이 많다. 특히 특정 세대 한국인에게, 아니 특정 세계인에게 옌안은 아무리 외딴곳에 있어도 찾아가는 아주 특별한 의미를 지닌 곳이다.

옌안은 중국혁명의 성지다. 중국 국민당과 공산당이 대륙을 놓고 싸울 때다. 국민당은 공산당 군대를 벼랑으로 내몰아 포위하고 섬멸하는 공격을 펼치고, 국민당 군대에 쫓긴 중국공산당은 중국 서쪽 변방을 따라 도망한다. 중국공산당은 1934년 10월부터 1936년 10월까지 2년 동안 2만 5천리, 즉 1만 킬로미터에 이르는 긴 탈출의 길을 간다. 이른바 대장정大長征이다. 국민당의 섬멸 작전에서 겨우 탈출에 성공한 중국공산당은 산시성 우치吳起에 도착한다. 이렇게 장정이 끝나고, 중국공산당 지도부는 1937년 1월부터 1947년까지 옌안에 본부를 차린다. 옌안은 중국공산당 점령 지역의 수도이자, 중국 공산혁명의 성지이다. 그 흔적을 보러 옌안에 왔다.

마오쩌둥이 중국공산당을 이끌고 옌안에 지도부를 꾸릴 때는 옌안에도 여느 도시처럼 성곽이 있었다. 지금은 유적으로 그 흔적만 있을 따름이다. 어느날 마오쩌둥이 옌안 성곽을 지나다가 성벽에 붙은 표어를 보고는 기분이 상한다. '노동자 농민 단결하여 항일 승리 쟁취하자' 이런 내용이었다. 당시는 안으로는 국민당과 공산당이 싸우고, 밖으로는 일본이 중국을 침략해서 중일전쟁을 벌이고 있었다. 항일 선전 구호로서 그 내용은 전혀 문제될 게 없었다. 그런데 마오쩌둥은 노동자를 뜻하는 '공인工人'이라는 한자 두 글자가 못마땅했다. 그냥 '工人'이라고 쓴 게 아니라 '공' 자는 중간을 한번 굽혀서 '도'으로, '인' 자는 오른쪽 삐침에 두번 표시를 한 '人'으로 쓴 것이다.

마오쩌둥은 왜 이걸 못마땅하게 생각했는가? 마오는 이렇게 말한다. 그는 공인이라는 글자를 저렇게 쓸 줄 아는 사람이라면 분명히 많이 배운 사람일 터인데, 옌안 성벽에 하필 왜 저렇게 썼는지 이해할 수 없다고 말한다. 왜 이렇게 쓰면 안 되는 것일까. 어떤 내용을 선전하려면 이 선전이 누구를 대상으로 하는지, 누가 이 선전 문구를 볼 것인지를 먼저 생각해야 하는데, 이렇게 글자를 쓴 사람은 그런 생각 없이 자기 지식만 보여주었다는 거다. 그러면서 마오는 '쇠귀에 경 읽기'라는 속담을 예로 들면서, 경을 읽어주어도 알아듣지 못하는 소를 비판하는 건 잘못이고, 소에게 경을 읽어주려면 소가 알아듣는 언어를 익혀서 그 언어를 사용하라고 말한다. 지식인이나 작가가 글을 쓰고 말할 때는 먼저 그 글을 읽는 대상, 말을 듣는 대상이 누구인지를 보고 그들의 언어로 말하고 소통하라는 것이다. 마오가 당내 형식주의를 비판한 「당팔고黨八股에 반대한다」(1942)란 글에 나오는 내용이다.

나는 평생 학자로 살겠다고, 평생 지식인으로 살겠다고 작정하고서, 이제 막 지식인이 되는 훈련을 시작한 석사과정 시절에 이 대목을 처음 읽었다. 그 시절 이 대목이 내게 꽂혔다. 왜 그랬을까? 지식인의 아픈 곳, 잘난 체하고 싶어 하는 지식인의 버릇을 마오가 콕 찔렀기 때문이다. 마오는 지식인의 약점과 아픈 곳을 가장 잘 알고, 그곳을 파고들어 지식인을 비판하는 데 탁월한 능력을 지닌 사람이다. 혁명 시기만이 아니라 사회주의 정권이 수립된 뒤에도 그랬다. 사실, 마오가 말하려는 핵심은 지식인이 선전 문구를 어떻게 써야 하는지, 그 차원을 넘는다. 지식인과 민중 사이 관계의 문제가 핵심이다. 지식인이 자기 지식을 내세우며 자신을 민중보다 위에 두고 내려다보면서 글을 쓰고 말하며 민중을 무시하는 것, 마오는 그게 못마땅했다. 더구나 민중이 주인이 되는 세상을 열겠다고 모인 사람들이 여전히 지식인의 세계에 갇힌 채 지식인의 시각으로 세상을 보고 민중을 보는 게 못마땅했다. 더구나 마오는 원래 지식인보다는 민중이 더 순수하고 더 혁명적이며 더 중요하다고 생각한 사람이었다. 마오는 훗날 첫째는 아무것도 가지지 않은 가난한 사람이, 둘째는 아무것도 그려지지 않은 백지가 더 순수하고 그들에게 혁명성이 있다고 주장했다. 일궁이백론一窮二白論이다. 마오는 지식인과 민중 사이의 관계를 역전시키고자 했다. 마오의 이런 생각은 옌안에 온 작가들이 옌안이 지닌 문제를 비판하자, 1942년 문학예술인 회의를 소집하여 작가와 지식인을 비판하는 데서 분명히 드러난다.

혁명의 성지, 옌안의 현실을 비판한 딩링

　옌안 7번 버스가 옌안 중심가를 지나고 혁명기념관을 지난 뒤, 양자링楊家嶺 입구를 지난다. 량자링에 들어서자 중국공산당 지도부가 왜 이곳에 자리를 잡았는지 짐작이 간다. 지명에서도 알 수 있듯이 움푹 파인 산기슭이다. 천연의 요새다. 기슭 사이에 건물이 있다. 강당도 있고, 주요 지도자들 숙소, 당 중앙 사무실 건물도 있다. 중국공산당은 혁명하던 시기에 국민당과 일본 양쪽으로부터 공격을 받았다. 특히 일본은 비행기로 옌안을 잇달아 폭격했다. 바오타산寶塔山에 우뚝 솟아오른 바오탑이 좋은 표적 노릇을 했다. 그래서 옌안 시내에 있던 지도부는 비행기에 잘 포착되지 않는 산기슭으로 옮겨서, 1938년 11월부터 1947년 3월까지 이곳에 머문다. 마오쩌둥과 저우언라이周恩來, 주더朱德 등 지도부 숙소는 모두 산을 판 토굴집이다. 야오둥窯洞이라는 중국 서북부 황토고원黃土高原 지역의 전통주택 양식이다. 단단한 황토를 아치형으로 파내고 밖에 문과 창문을 달면 그것으로 집 한채가 완성된다. 건물이 밖으로 노출되지 않아서 일본 비행기가 폭격할 수 없다는 장점도 있다. 토굴집은 빛이 입구에서만 들어와서 어둡다. 여름에는 시원하고 겨울에는 따뜻하다. 요즘에는 거의 사람이 살지 않는 이런 집은 이색 호텔 노릇을 한다.

　기슭 안쪽에는 마오가 살았던 토굴, 마오가 직접 가꾸었다는 채소밭, 마오가 미국 기자 애나 루이즈 스트롱Anna Louise Strong을 만나 인터뷰하면서 "모든 반동파는 종이호랑이에 불과하다"라고 일갈했다는 야외 돌 책상이 있는데, 내 관심은 다른 데 있다. 중국공산당 중앙의 사무실 건물이다. 1942년 5월 2일부터 23일까지 중국공산당 선전부는 여기서 작가와 화가, 음악인 등 문학예술인 100여명을 소집하여 회의를 열었다. 중국 현대문학사는 물론이고, 중국 지식인 역사에 한 획을 그은 '옌안 문예 좌담회'가 그것이다.

마오와 중국공산당은 왜 많은 작가를 소집하여 이 좌담회를 열었는가? 배경은 복잡하다. 그런데 그 배경을 이해하는 중요한 열쇠 중 하나가 딩링丁玲에게 있다. 딩링은 중국 현대문학을 대표하는 소설가이자 혁명가로서 불꽃 같은 삶을 살았던 여성이다. 중국공산당이 옌안에 근거지를 마련하자 중국 각지에서는 물론이고 세계 각지에서 붉은 혁명으로 불타는 뜨거운 심장들이 모여들었다. 물론 일제강점기 많은 조선 지식인과 청년도 그 대열에 참여했다. 나라의 경계를 넘어 새로운 세상을 꿈꾸던 사람들이다. 딩링도 그런 열혈 청년 가운데 한 사람이었다.

딩링은 마오쩌둥하고 같은 고향 출신이다. 1904년 후난성에서 태어났다. 1927년에 첫 작품을 발표하고 중국 문단에 나온다. 1928년에는 여성의 욕망을 드러낸 「소피아의 일기莎菲女士的日記」라는 작품으로 이름을 알린다. 그뒤 상하이에서 활동하면서 좌익작가연맹에도 가입한다. 그런데 역시 맑스주의자였던 그녀 남편이 1931년 경찰에 잡혀서 사형당한다. 이 사건으로 딩링은 더욱 공산주의로 기울고, 1932년에 중국공산당에 가입한다. 하지만 이듬해인 1933년 국민당에 체포되어 구금당한다. 1936년 갇혀 있던 난징에서 탈출하여 당시 중국공산당 지도부가 있던 산시성 바오안保安에 도착한다. 도중에『중국의 붉은 별』(1937)을 써서 중국혁명을 세계에 알린 에드거 스노Edgar Snow를 만난다. 그런 뒤 공산당 지도부를 따라 옌안으로 거처를 옮긴다.

딩링은 당시 활동하던 중국 문단의 유명 작가 가운데 중국공산당이 통치하던 지역에 처음으로 온 유명 작가였다. 마오쩌둥을 비롯한 중국공산당 지도부가 그녀를 각별하게 환영했다. 마오쩌둥이 그녀가 공산당 소비에트 지역에 온 걸 환영하는 시를 써서 전보로 알릴 정도였다. 물론 딩링도 옌안에 만족했다. 그녀는 1937년에 옌안은 낙원이고, "거지도 없고, 어떤 여자도 웃음을 팔지 않는다/아편굴이나 도박장 같은 것은 찾아볼 수도 없다/일하는 모든 사람은 행복해 보이고/농부는 땅이 생기고/노동자는 하루 8시간 일하면 안전하게 보호받는다"면서 옌안을 찬양한다.

그런데 차츰 옌안 생활에 익숙해지자 옌안의 빛만 아니라 어둠도 눈에 들어왔다. 특히 정치적으로는 더없이 선진적인 옌안이지만 가부장 의식은 여전하여 중국의 다른 곳이나 마

마오 시대를 상징하는 작가 딩링의 항일운동 때 모습

찬가지로 보였다. 여성주의 차원에서는 여기도 어둠이 많다는 걸 보게 된 것이다. 이런 생각을 하게 된 딩링은 1941년부터 특유의 여성주의 시각에서 옌안의 현실을 비판하는 글을 쓴다. 딩링은 작가로서 출발할 무렵, 한 출판사에서 여작가라는 이름으로 책 출판을 제안하자, "나는 원고는 팔지만 '여(女)'를 팔지는 않는다"면서 거절했다. 여성의 이름으로 자신을 규정하는 것을 거부한 이런 딩링의 개성이 옌안에서도 발휘된 것이다.

1941년 10월 옌안에서는 루쉰 서거 5주년 기념행사를 연다. 딩링이 주도했다. 딩링은 이 행사가 끝나고 『해방일보』에 루쉰의 비판정신과 용기가 필요하다면서 루쉰이 생전에 즐겨 쓴 '잡문雜文'이 옌안에도 필요하다고 말한다. 잡문이란 무엇인가? 잡감문雜感文이라고도 부르는데, 루쉰이 중국 현실의 어둠을 비판하기 위해서 쓰던 산문이자 사회비평의 일종이다. 이것이 붉은 혁명의 성지인 옌안에도 필요하다는 것은 옌안에도 비판할 점이 많다는 얘기가 된다. 딩링이 우선 주목한 것은 여성을 대하는 남성 혁명가들의 시선이다. 딩링은 1942년 3월 8일 세계 여성의 날에 「3·8절 유감」이라는 글을 써서 옌안 여성의 현실을 비판한다. 딩링은 "옌안 여성들은 중국 다른 지방의 여성보다 행복하다"고 인정한다. 하지만 "옌안 여성 동지들조차 여성으로서의 운명을 면할 수 없다"라고 말한다. 그녀는 "사람들이 여성 동지가 결혼하면 그대로 두질 않고 관심을 쏟는다"면서 옌안의 여성이 남성들의 온갖 소문에 시달리고 끊임없는 희롱의 대상이 되는 현실을 비판한다. 결혼해도, 연애해도, 이혼해도 수군거리는 대상이고, 이혼도 남자에게만 편리하게 되어 있고, 여자가 이혼을 제기하면 늘 비판받는다고 지적한다. 사회주의 혁명가 남성들의 우월 의식, 가부장 의식을 직접 겨냥하여 비판했다. 새로운 세상을 열겠다고 모인 옌안의 진보적인 남성 혁명가들이 들으면 뜨끔하고 불편할 내용을 딩링은 용감하게 말한 것이다.

딩링의 이런 문제의식은 소설 「밤夜」(1941)에서도 이어진다. 공산혁명에 동참한 주인공 남성은 원래 빈농이었고 글도 모르는 사람이다. 그런데 이제 당원이자 농촌 지도원이 되어 밭일하는 것도, 소 키우는 일도 뒷전인 채 회의를 여느라 바쁘다. 이 남자는 공산혁명에 동참하면서 맑스주의를 배웠다. 물적 토대라는 단어도 배웠다. 그런데 그가 배운 걸 아내를 비하하는 데 써먹는다. 늙고 아이를 낳지 못하는 아내를 두고 이 남자는 이렇게 불평한다. 세끼 밥할 줄밖에 모르고, 알을 낳지 못하는 암탉이라고, 물적 토대가 부족하다고 비판한다. 그러면서 옆집 여자에게 마음을 준다. 여성을 보는 눈은 그가 맑스주의를 배우고, 새로운 세상을 만들기 위해서 밤낮없이 회의를 열어도 바뀌지 않은 것이다. 하룻밤에 일어난 이야기여서 소설 제목이 '밤'이지만, 소설 속 밤의 의미는 단순한 시간적인 의미를 넘어 혁명의 성지 옌안의 어둠으로 확장된다.

딩링의 눈에 옌안은 새로운 세상을 여는 혁명의 성지였지만, 여성에게 새로운 세상을 약속하는 여성의 성지는 아니었다. 여전히 남성 중심의 세상이었다. 그래서 딩링은 이른바 진보적인 남자들에 대해 정치적으로는 진보적일지 모르지만, 문화적으로나 남녀평등 차원에서는 여전히 다른 남자와 다를 게 없이 보수적이라고 일갈하는 것이다. 딩링이 옌안에서 가졌던 의문의 핵심은 이것이다. 민족국가 수립이든 혁명이든 그 과정에서 혁명이나 민족, 국가의 이름으로 새로운 형식의 남권 중심의 문화 질서가 다시 세워지는 게 아닐까? 딩링은 이 의문 속에서 옌안의 어둠을 고발하는 글을 쓰고 소설을 썼다. 딩링이 비판한 이런 현실, 이런 남성이 당시 옌안에만 있었을까? 정치적으로 진보적이기도 어렵지만, 문화적으로 진보적이기는 그것보다 훨씬 더 어렵다. 남녀평등 의식은 더욱 그렇다. 딩링이 비판한 옌안의 진보적인 남자들이 한국에도 많은 것은 이 때문이다.

지식인의 아픈 곳을 겨냥하는 마오쩌둥

양자링의 중국공산당 지도부 사무실은 아담하다. 3층 건물로 1941년에 지었다. 비행기를 닮았다고 해서 비행기 건물이라고도 부른다. 1층 북쪽은 도서실이었고, 남쪽은 주방이었다. 이 건물에서 옌안 문예 좌담회가 열렸다. 건물 옆에는 당시 좌담회에 참석한 사람들이 찍은 기념사진이 참석자 명단과 함께 걸려 있다. 마오가 가운데 앉고, 홍군 지도자 주 더 옆에 딩링이 있다. 사진에는 중국 현대사에서 이름을 날린 쟁쟁한 지식인들이 모여 있다. 좌담회를 소집한 건 마오였다. 그는 이 회의에서 개막 연설을 하고 폐막 연설을 한다. 그 연설문이 「옌안 문예 좌담회 연설」이다.

마오쩌둥이 '연안 문예 좌담회 연설'을 한 중국공산당 건물 내부

마오는 왜 이 좌담회를 소집했는가? 마오가 아낀 딩링이 옌안의 현실을 비판해서만은 아니고 옌안에 몰려온 다른 지식인과 작가들의 동향도 심상치 않아서였다. 그즈음 옌안에 온 지식인 사이에는 회의감이 높아가고 있었다. 혁명의 이상을 좇아서, 장제스蔣介石 국민당 정권의 부패와 무능과 억압에 질려서, 주로 도시에서 지식인과 작가들이 이곳 산골 옌안에 왔는데, 현실은 녹록지 않았다. 토굴에서 살아야 하고, 먹는 것도 입에 맞지 않고, 온통 농촌과 산골이어서 도시 대중과 학생, 지식인을 상대하던 자기 작품이 아무런 쓸모가 없었다. 혁명의 이상은 이상일 뿐, 도시에서 온 지식인에게 현실은 낯설고 불편했다. 더구나 옌안은 이미 포화상태였다. 옌안이 감당할 수 있는 수준을 넘었다. 공산당원만 해도 1937년에는

5만명이었지만 1940년에는 80만명으로 늘어난다. 그만큼 중국인들의 마음이, 특히 청년과 지식인의 마음이 공산당으로 쏠렸고, 그래서 옌안으로 몰려들었다. 하지만 옌안의 현실은 열악하여, 지식인과 작가, 예술가들이 여러 불만을 쏟아내기 시작했다. 딩링 같은 경우는 여성주의 입장에서 비판했고, 작가 왕스웨이王實味는 옌안의 현실이 무미건조하고 오락이 부족하다고 비판했고, 시인 아이칭艾靑은 작가란 민족과 계급에게 예민한 감각기관이나 지혜의 눈 같은 존재이므로 작가를 이해하고 존중하라면서 옌안 현실을 비판했다.

이들 지식인 및 작가의 불만과 비판에 대해 마오는 당신들이 지식인 근성에 젖어 있어서 그렇다고, 노동자 농민과 하나가 되지 못해서 그렇다고 하면서, 그러니 당신들이 할 일은 노동자 농민의 말을 배우고, 그들의 사상·감정과 하나가 되어야 한다고 말한다. 노동자 농민이 지식인에게 배우는 것이 아니라 반대로 지식인이 노동자 농민에게 배워야 한다고 지식인과 작가들을 혼낸다. 그리고 모든 문학과 예술 작품을 판단하는 기준은 정치가 첫째이고, 문학적·예술적 판단이 둘째이며, 추상적 인성은 없고 오직 계급적 인성만 있다는, 두고두고 악명을 떨치는 기준을 내놓는다.

옌안 문예 좌담회는 1942년 5월 2일부터 25일 사이에 세 차례 열렸다. 이 회의가 끝난 뒤 딩링은 진심으로 반성한다. 딩링은 마오 사상과 담론을 수용했고, 그것을 적극적으로 실천하는 작가가 된다. 당의 입장에서 말하고 글을 쓰고, 무엇보다도 마오 사상과 담론을 실천하는 작가가 된다. 여성의 시각에서 붉은 혁명의 의미를 묻던 그녀의 고민도 끝이 난다. 그녀는 토지혁명 과정을 다룬 『태양은 쌍간허를 비추고太陽照在桑干河上』(1948)란 작품으로 1952년에 소련에서 스탈린 문학상을 타기도 한다.

그런데 딩링의 운명은 1949년 사회주의 중국이 수립하고 나서 다시 급전한다. 딩링이 원하던 사회주의 정부가 들어선 뒤 그녀는 어떻게 되었는가? 딩링에게 사회주의 중국의 열광과 환호는 짧았고, 고난은 길었다. 옌안 시절 딩링의 글이 결국은 발목을 잡았다. 1955년과 1957년 두차례 우파와 반당 분자로 몰려 비판받고 12년 동안 노동 개조를 당한다. 문혁 때는 5년간 감옥살이도 한다. 마오쩌둥이 죽고 문혁이 끝난 뒤, 딩링은 74세 때인 1978년 우파라는 낙인을 벗고 베이징으로 돌아온다. 1984년에는 정식으로 복권된다.

이렇게 다시 돌아온 딩링에게 세계의 많은 이들이 관심을 가졌다. 딩링은 혁명 시기부터 마오쩌둥 시대까지 함께해온 마오 시대를 상징하는 작가라는 점에서, 특히 마오 사회주의에 인생을 걸고 마오에게 최고의 작가라는 찬사를 받았지만, 결국 마오 사회주의에 고난을 겪고 비참한 삶을 산 작가라는 점에서, 그녀는 마오 시대의 어둠을 고발할 산증인이었다. 딩링은 1981년 미국 아이오와대학 '국제 창작 프로

그램'International Writing Program, IWP에 초청을 받았다. 이때 딩링은 미국인을 크게 실망시킨다. 미국 학자와 기자들은 딩링에게서 글을 쓰지 못한 채 긴 시간 동안 노동을 하며 겪은 고난에 대해 이야기를 듣고 싶었다. 그래서 얼마나 힘들었는지를 물었다. 그런데 딩링은 이렇게 말한다. "닭 키우는 것도 재미있다."

지식인의 시각에서, 여성의 시각에서 혁명이 무엇인지를 물으면서 옌안의 어둠을 비판했던 딩링은 왜 옌안 문예 좌담회 이후 자신의 과거 생각이 옳지 않았다고 반성하면서 마오의 생각을 적극적으로 수용했는가? 그녀는 왜 마오 시대의 어둠에 대한 비판력을 잃었는가? 이런 질문을 두고 여러 답이 가능하다. 딩링이 타락했기 때문이라고 볼 수도 있고, 폭압적 권력에 어쩔 수 없이 굴종했다고도 볼 수 있다. 이것은 중국공산당의 억압에 저항을 하거나 그 반대로 굴종 또는 타협을 하거나 두가지 길만 있다고 이해하는 방식이다.

그런데 딩링의 길과 선택을 두고 다른 해석도 가능하다. 딩링의 길을 억압/저항이라는 이분법으로 보는 게 아니라 딩링이 자발적으로 중국혁명의 대의에 동참하고, 마오의 지적을 기꺼이 자신의 한계에 대한 비판으로 받아들였다고 보는 해석이다. 문혁이 끝난 뒤 딩링 스스로는 이런 입장을 여러 글을 통해 발표한다. 자신은 "여전히 사회주의가 자본주의보다 낫다고 굳게 믿고, 중국공산당의 핵심 역량은 여전히 건강하고 믿을 수 있다"라고 말한다.

마오의 「옌안 문예 좌담회 연설」 전문을 1989년에 지식인으로, 학자로 평생을 살겠다고 작심하고 석사과정을 마친 내가 번역했다. 물론 출판사를 운영하던 선배가 먼저 번역을 제안했지만, 그 제안에 선뜻 응한 청년의 마음은 어디서 나왔을까? 광주의 비극을 겪고 살아남은 자의 부끄러움으로 숨 막히던 전두환 시대를 살던 내 청년 시절, 회색의 삶이 지닌 아픈 곳을 마오가 건드렸기 때문이었다. 더구나 그즈음 더는 지식인으로 살지 않겠다면서 어렵게 들어온 대학을 내팽개치고 농부의 삶을 택한 후배 때문에 마음이 어지러울 때였다.

물론 마오의 언급은 지식인 비판을 넘어 지식인을 과잉혐오하고, 노동자 농민을 지나치게 이상화한 것이다. 그래서 마오는 지식인과 학생더러 농촌과 산으로 가서 노동하며 그들에게 배우면서 지식인다움을 씻어내라고 했다. 마오는 육체노동과 정신노동을 겸비한 새로운 인간을 창조하려는 유토피아 의식에 빠져 있었다.

그런데 지식인에게 마오의 이런 비판은 마치 근육통 부위를 누를 때처럼 아픔과 더불어 묘한 상쾌함을 동시에 주었다. 지식인이라는 사람들의 고약한 기질을 스스로 잘 아는 지식인에게는 더욱 그렇다. 한 시절 중국 지식인뿐만 아니라 세계의 많은 청년이, 마오 사상이 지닌 문제를 알면서도 거기에 자석처럼 끌려간 것은 마오 사상이 그런 각성 효과와 환각 효과를 동시에 지니고 있었기 때문이다. 결국 딩링도 그렇고, 중국은 물론이고 동아시아와 세계의 많은 청년이 마오 사상 속으로 스스로 걸어 들어갔다. 한 시절 나도 그랬다. 그 선택이 때로는 역사의 거름이 되기도 했고, 때로는 문화대혁명처럼 역사의 비극을 만들기도 했다. 마오의 학생들은 홍위병만 있었던 게 아니다. 유토피아적 열정 속에서 민중주의 신화에 심취한 채 지식인 콤플렉스에 사로잡혀 있는 사람은 언제 어디서나 마오의 학생이다. 마오의 유령은 늘 떠돌고 있다.

지난

붉은 수수밭의 생명력은
어떻게 퇴화했는가

태산이 지닌 인문적 의미

흔히 걱정이 태산이라고 하고, 갈수록 태산이라고 말한다. 티끌 모아 태산이라는 속담도 있다. 조선시대 양사언은 태산이 아무리 높아도 그저 하늘 아래 산일 뿐이고, 오르고 오르면 못 오를 리 없다고 했다. 우리가 일상에서 늘 쓰는 이런 비유들이 말하듯이, 우리 기억과 문화 속에서 태산은 한없이 크고, 오르기 힘든 높은 산이다. 이름도 그야말로 큰 산(泰山)이다. 하지만 실제 태산(타이산)은 우리 속담 속 태산만큼 크거나 높지는 않다. 높이가 1,535미터이다. 설악산이나 지리산, 한라산보다 낮다. 주변에 이만한 산이 없고, 더구나 분지의 평평한 곳에 우뚝 솟아 있어서 더 높고 웅장해 보인다. 정상에서 내려다보면 일망무제이고, 저 아득한 곳에 산둥성 지난済南 시내가 한눈에 들어온다.

태산이 유명한 것은 높이나 크기 때문이 아니다. 태산이 지닌 인문적 의미 때문에 태산은 비로소 태산이다. 흔히 태산이 중국을 대표하는 다섯 산, 즉 오악五岳 가운데 독존이라 부르는 것은 지상을 다스리는 천자들이 이곳에 와서 하늘과 땅에 제사를, 이른바 봉선封禪 의식을 행한 곳이어서다. 다섯 산 중에서 동쪽에 있는 이 산에 올라 천자가 되는 자는 떠오르는 해를 보면서 하늘에 자신이 세상을 잘 다스릴 수 있도록 천명天命을 달라고 기원했고, 또한 하늘의 보살핌으로 무탈하게 천명을 다할 수 있도록 해달라고 빌었다. 지금은 국가를 이끌 정통성을 국민이 주지만, 중국 전통 시대에는 하늘에서 그 정통성이 나온다고 생각했다. 그래서 북극성에 사는 하늘을 주재하는 신인 옥황상제에게 제를 올렸다. 태산 정상에 옥황상제를 모시는 옥황정玉皇頂이 있는 건 이 때문이다. 황제는 어떻게든 옥황상제와 자신을 연결하려 했다. 베이징에 있는 황제가 사는 고궁의 다른 이름인 자금성도 이런 차원에서 나왔다. 자금성의 '자'는 옥황상제가 사는 곳이 자성紫城인 데서 따왔다. 옥황상제의 신임을 얻기 위해 진시황부터 시작하여 황제가 되는 자들은 저 먼 서쪽에서 이곳 동쪽 끝까지 와서 땅과 하늘에 제를 올렸고, 태평성대를 기원했다.

그런데 이렇게 제사를 지내면 자신에게 세상을 다스릴 힘과 권위가 천명의 이름으로 황제에게 내리는 것일까? 사실, 이렇게 제를 지내는 자의 마음은 더없이 간절할 수 있지만 그게 효과가 얼마나 있을 것인가. 진시황이 태산에서 정성을 다해서 제를 올렸지만, 진나라는 통일한 지 15년 만에 망하지 않았는가. 그러니 이게 다 천명이 자신에게 있다는 이데올로기적 선전 의식에 불과하다고 해야 할 것이다. 고대 중국에서 천명이라는 것 자체가 원래 그랬다. 중국 역사에서 천명이라는 이데올로기가 처음 발명된 건 주周나라 때다. 원래 천명은 하夏나라에 있었는데 하나라 걸왕이 폭정을 하여 하늘이 하나라에서 천명을 거두어 상商나라에 주고, 상나라 주왕이 실정하여 다시 주나라에 넘겨주었다는 논리다. 그러니까 주나라가 새로운 나라를 세운 건 하늘의 뜻이라는 걸 내세우기 위해 천명론을 고안한 것이다. 천명론은 원래 그런 용도였다. 그래서 천자가 된 자들은 태산에 와서 하늘에 제를 올리고 싶어 했고, 세상을 태평하게 다스리지 못하는 자는 천명이 두려워서 감히 태산에 올라 제를 지내지 못했다. 태산은 천명이라는 관념과 더불어 성스러운 산이 되었다. 바로 이런 이유로 태산은 크기나 높이와 상관없이 깊은 인문적 의미를 지닌 신성한 산이다.

  그런 태산에 두번째로 왔다. 처음에 왔을 때도 그랬듯이 케이블카를 타고 수월하게 올라왔다. 물론 남천문까지 1,633개 계단을 걸어서 올라올 수도 있다. 태산이 제아무리 높다 해도 오르고 또 오르면 못 오를 리 없다지 않던가. 시간 여유가 있다면 한번 도전해볼 만하다. 다섯시간쯤 걸린다. 그렇지 못하거든 남천문에서 급한 경사를 타고 비늘처럼 펼쳐지는 계단을 내려다보는 것만으로도 간접 체험이 된다.

격식이 까다로운 공자의 후손 산둥 사람들

"우리는 산 하나, 강 하나, 성인 한 사람밖에 없어(一山一水一聖人)."

산둥 사람들의 산둥 스타일 플렉스다. 산둥에는 그저 공자 한 사람, 태산 하나, 황허黃河 하나밖에 없다는 거다. 산둥 사람은 중국의 다른 지방 사람에게 이렇게 산둥을 뽐낸다. 공자와 태산, 황허 셋을 모두 가진 산둥성 사람들의 반어적 과시다. 그런 산둥 사람들의 자랑 가운데 하나인 태산에서 내려와 저녁을 먹는데, 그야말로 팔만큼 길고 큰 잉어 요리가 나왔다. 황허에서 잡은 거란다. 중국 요리의 마지막에는 물고기가 나온다. 물고기 어魚 자의 발음이 '위'로, 넉넉하다는 뜻의 여餘 자와 발음이 같아서다. 넉넉하길 기원하는 의미에서 마지막 요리로 물고기를 먹는 것이다. 새해에 집집마다 물고기 그림을 붙이는 것도 같은 이유다. 산둥 만찬의 마지막을 장식하는 황허 잉어는 크기가 엄청나다. 황허가 그 긴

산둥 사람들은 요리에 생파를 곁들여 늘 같이 먹는다.

대륙을 지나와서 이제 바다에 이르는 곳인 산둥, 이곳 사람들은 이렇게 큰 물고기로 손님을 접대하면서 은근히 산둥을 자랑한다. 그런데 내게는 산둥 요리 하면 물고기보다도 쪽파가 떠오른다. 산둥 요리 가운데 배추 요리, 두부 요리가 유명한데, 내게는 파를 생으로 먹는 게 먼저 떠오른다. 산둥 사람은 국수를 먹을 때도, 밀가루 전병을 먹을 때도 파를 생으로 먹는다. 간혹 매운 것도 있지만 대개는 달다. 그래서 국수를 먹는 산둥 사람들 한 손에는 늘 파가 들려 있다. 오늘 저녁 식탁에도 생파가 놓여 있다. 역시 산둥이다.

산둥 지역의 연회는 중국 여느 지역보다 격식이 까다롭다. 이번처럼 한중 문화교류를 위한 공식적인 행사를 위해서 오게 되면 더욱 까다로운 산둥의 연회 격식을 체험하게 된다. 둥근 테이블에는 서열에 따라 앉는 위치가 정해져 있다. 입구 정면 안쪽에 부채 모양으로 냅킨이 접혀 있는 원탁 정중앙이 오늘 접대하는 가장 높은 서열, 즉 주배主配 자리다. 그 오른쪽이 1번 서열 손님 자리고, 그 왼쪽이 2번 서열 손님 자리다. 이렇게 순서대로 접대받는 쪽과 접대하는 쪽이 번갈아 앉고, 입구 쪽 자리는 두번째로 높은 접대 측 인사, 즉 부배副配 자리다. 접대하는 쪽이든 접대받는 손님이든 서열 또는 나이에 따라 순서대로 자리에 앉는다.

모두 자리에 앉고 뜨거운 요리가 들어오면 이제 연회 시작이다. 먼저 접대하는 측의 가장 높은 사람이 일어나 인사말을 하고 술을 권하는데, 이게 또 복잡하다. 중국에서 술 잘 먹기로 세 지방 사람을 꼽는다. 몽골 사람, 동북 사람, 산둥 사람이다. 그런데 술 마시는 스타일이 각기 다르다. 몽골 사람은 빨리 마시고, 동북 사람은 거칠게 마시고, 산둥 사람은 격식 있게 마신다. 연회 자리에서 보면 산둥 사람들 정말 그렇다. 많이 마시기도 하고, 격식도 차린다. 산둥 연회 자리에는 작은 고량주잔이 없다. 와인잔보다 약간 작은 잔에 고량주를 따른다. 주최 측의 가장 높은 서열인 사람이 인사말을 한 뒤, 이 잔을 몇번에 나누어 마실지를 정해준다. 일반적으로는 여섯번 일곱번인데, 아홉번이나 열두번인 경우도 있다. 숫자에 각기 다른 의미를 두어 나누어 마시는 거다. 여섯번을 모두 한 사람이 건배(중국어로 간베이)를 제안하는 게 아니라 보통은 가장 높은 사람이 세번, 그다음 사람이 세번으로 나누거나 네번, 세번으로 나누기도 한다. 주의할 점은, 이때는 한잔을 다 비우는 이른바 간베이를 하는 게 아니다. 산둥에서는 일반적으로 작은 와인잔 크기의 잔에 고량주를 마시는데, 그 큰 잔에 고량주 6~7잔을 잇달아 간베이하면 바로 죽는다! 산둥 사람이 아무리 술을 좋아하고 잘 마신다고 해도 그 정도는 아니다. 한잔을 여섯번이나 일곱번씩 주최 측에서 정한 대로 나누어 마신다. 중국어를 알아듣지 못하면 조금씩 나누어 마시다가 마지막에 다 비우면 된다. 이때는 잔을 부딪치지 않고 각자 테이블 바닥에 가볍게 잔을 두드린다. 이렇게 식사 자리 초반에 마시는 술을 문전주門前酒 혹은 문전배門前杯라고 한다. 자기 집 문 앞을 깨끗이 쓸듯이(自掃門前雪) 이 술은 꼭 마셔야 한다. 이렇게 문전주 마시기가 끝나기 전에는 손님 측에서 일어나 술을 권하거나 인사말을 해서는 절대 안 된다.

참 까다롭다. 나 같은 외국인만이 아니라 다른 지방에서 온 중국인도 이렇게 불평한다. 그런데 산둥 사람들은 왜 이렇게 먹고 마시는 데까지 진심으로 격식을 따지는가? 산둥이 공자의 땅이라서, 산둥 사람이 공자의 후손이라서 그렇단다. 공자가 그러지 않았는가, 예禮를 알아야 한다고. 그런데 예의 핵심은 자신의 자리를 확실히 아는 것이다. 소크라테스는 너 자신을 알라고 했는데, 공자는 너의 자리를 알라고 했다. 그 자리란 상하 질서 속에서 자신의 자리가, 자신의 위치가 어디쯤인지를 아는 것이다. 공자의 생각에, 그리고 유가 사상에서 세상 모든 사람은 평등하지 않다. 개인은 늘 수직 서열 속에 있고, 그 서열 속에서 차등을 두어 사람을 대하고, 누구나 그 차등 서열에 맞추어 행동해야 한다. 수직 서열의 질서 속에서 자신이 어느 위치인지를 알고, 그 위치에 맞게 행동하는 것, 그것이 예의 시작이다. 선생은 선생의 위치에 맞게 선생다워야 하고, 부모는 부모의 위치에 맞게 부모다워야 한다. 그런 예의범절이 산둥성에서는 둥근 테이블 연회 자리에도 적용된다. 둥근 테이블이지만 거기에도 권력, 나이 등에 따른 서열이 있고, 그에 맞춰 자리와 행동, 그리고 접대 방식이 정해져 있다. 이렇듯 격식 있는 만찬을 즐기는 산둥은 참으로 공자의 고향이다.

민족적 자부심의 원천으로 다시 태어나는 공자

산둥에 공자 색채가 갈수록 짙어진다. 칭다오 같은 동쪽 지역은 덜하지만 지난, 타이안泰安, 취푸曲阜 같은 도시는 더욱

공자 테마파크 '니산성경'의 대학당에 설치된 72명의 공자 제자 조각상

그렇다. 정부 정책에서부터 일상에 이르기까지 공자가 다시 살아나고 있다. 사마천에 따르면 공자는 니구산尼丘山의 한 동굴에서 태어났다. 지금 지명으로 취푸시 니산尼山인데, 이곳에 우리 식으로 보면 공자 테마파크나 리조트라고 할 수 있는 엄청난 규모의 니산성경尼山聖境이 생겼다. 공자의 세계, 세계의 공자라는 기치를 내걸고 조성했다. 72미터 높이의 황금빛 공자상이 우뚝 솟아 있고, 대학당에 들어서면 양쪽으로 72명의 공자 제자의 조각상이 서 있다. 각 홀을 오행에 따라 구성하고, 중앙 홀에서 나누어주는 종이와 붓을 들고 옛 유

생처럼 탁자에 앉아 『논어』 구절을 쓰는 체험을 할 수 있다. 밤에는 공자의 일생을 다룬 대형 실내 공연을 하고, 실외에서는 『논어』 구절을 드론으로 재현하고, 불꽃 축제도 볼 수 있다. 전국에서 수학여행 오는 학생이 줄을 잇는다. 건물의 위용과 72제자 조각상 등의 내부 구성, 그리고 몰려드는 인파로 보자면 로마 베드로 성당이 연상된다. 공자는 지금 중국인에게는 그만큼 위대한 성인이다.

공자의 일생을 다룬 공연은 제목이 「금성옥진金聲玉振」이다. 옛날에 음악 연주가 종을 치는 것으로 시작하여 옥을 부는 것으로 끝났듯이, 금성옥진은 모든 학문의 처음과 끝이자 집대성을 이룬 자라는 의미로, 공자를 상징하는 말이다. 이 공연은 공자가 탄생하는 순간부터 '하루는 공부로 시작해야 한다'고 생각했던 유년기, 관례를 올린 뒤 '사람은 예의를 알아야 한다'라고 생각했던 청년기, 금의환향과 천하주유 시기 등 공자의 일생을 다룬다. 영어 자막도 없고, 『논어』에 나오는 내용 등이 섞여 있어서 외국인이 알아듣기 쉽지 않다.

공연이 거창하기는 하지만 크게 감흥이 없어서 나만 그런가 싶었다. 공연을 보고 나오면서 우리 대표단을 안내하는 산둥성 대외교류업무 담당 주임에게 물었다. 본 소감이 어떠냐고. 산둥대학에서 한국어를 전공했고, 한국에서 연수도 해서 우리말이 유창한 그 주임의 대답이 뜻밖이었다. 지금까지 여러번 봤는데, 몇번을 봐도 볼 때마다 가슴 뭉클한 감동이란다. 나와 그 주임 사이 이 느낌의 간극은 왜 생기는가? 처음에는 공무원이라서, 당원이라서 그런가 싶었다. 아니면 내가 공자에 진심이 아니어서 그런가? 그런데 그 주임의 이어지는 말을 따라 곰곰이 생각해보니 그게 아니었다. 그럴 만했다. 지금 중국인에게, 특히 산둥 사람들에게 공자는 무엇보다도 세계적인 성인이다. 세계에 이렇게 큰 영향을 미친 위대한 성인을 산둥성에서, 그리고 중국에서 배출했다는 자부심이 대단했다. 중국인에게 공자는 우리가 이순신 장군이나 세종대왕을 존경하는 걸 훨씬 넘어서는 자부심의 대상이었다. 공자가 민족의 자부심의 원천으로 다시 태어나고 있다. 공자는 마오쩌둥 시대는 물론이고 사회주의 중국에서, 더 넓게는 근현대 중국에서 늘 비판의 대상이었고, 심지어 타도의 대상이었다. 그런데 이제 공자가 화려하게 부활하고 있다.

마오 시대에 공자는 왜 타도 대상이었나

공자는 왜 근현대 중국에서 비판받았고, 특히 마오쩌둥 시대에는 왜 타도의 대상이었는가? 사회주의 중국 이전의 근대 시기에 진보 진영에서는 공자를 버려야 아편전쟁 이후 고조된 위기에서 벗어나 새로운 현대 중국을 건설할 수 있다고 생각했고, 보수 진영에서는 보수의 아이콘인 공자를 끊임없이 다시 세우려 했다. 그런데 사회주의 중국이 수립되고, 특히 문화대혁명이 시작되면서 공자는 오직 타도의 대상이 되었다. 문화대혁명이 시작된 해인 1966년 11월 29일 베이징에서 밤새 기차를 타고 온 학생들이 공자 무덤 주위로 몰려들어 소리쳤다. 공자를 타도하자! 그런 뒤 공자 무덤으로 달려가 무덤 앞에 있는 비석을 줄로 묶고 당겨서 쓰러뜨리고는, 다시 망치를 들고서 비석을 조각냈다. 물론 삽을 들고 공자 무덤도 팠다.

마오쩌둥과 마오쩌둥을 따르는 홍위병 학생은 왜 공자 무덤을 파면서 공자를 타도하려 했는가? 마오쩌둥이 공자를 두고 이렇게 말한 게 크게 작용했다. 공자는 비민주적이고, 정신노동을 하는 군자에게만 관심이 있고, 육체노동을 하는 농민과 노동자를 무시하며, 노예를 부리는 사람과 귀족을 대변하며, 과거를 중시하고 현재를 경시한 사람이라고 마오쩌둥이 말했다. 마오쩌둥 자신은 공자보다는 진시황을 좋아하고, 유가보다는 법가를 좋아한다고도 했다. 마오쩌둥은 자신이 꿈꾸는 사회주의 세상과 공자는 양립이 불가하다고 생각했다. 공자 무덤을 파헤치기 위해 베이징에서 출정하던 대학생들이 "마오쩌둥 사상의 절대적 권위를 확립하기 위해서 공자를 철저히 타도하고 공자상을 불태우고 공자 무덤을 파헤치고 공자를 추종하는 무리를 색출하자!"라고 외쳤듯이,

유가 관련 책을 불태웠던 진시황 때 공자의 서적을 숨겨둔 노벽

마오쩌둥 시대에 마오쩌둥을 추앙하기 위해서 공자는 타도할 대상이었고, 공자 사상은 마오쩌둥 사상이나 사회주의와 공존할 수 없었다.

마오쩌둥이 좋아하는 진시황도 공자와 유가 사상을 싫어하고 법가를 좋아했다. 그래서 유가 관련 책을 불태웠다. 취푸에 있는 공자 후손이 살았던 공부孔府에는 '노벽魯壁'이란 곳이 있다. 사마천에 따르면 진시황이 공자의 서적을 태우려고 할 때 공자 9대손이 『논어』 『상서』 『효경』을 집안 벽에 숨겼다. 그뒤 서한 무제 때 노나라 공왕이 자신의 정원을 확장하기 위해 담을 부수다가 그렇게 숨겨둔 책이, 정확히는 죽간이 발견되었다. 그때 그 벽을 '노벽'이라는 이름으로 보존하고 있다.

진시황과 마오쩌둥은 왜 유가보다 법가를 좋아했는가? 법가의 사상은 일종의 강국 이데올로기다. 좋은 나라를 만드는 것보다 전쟁에서 이길 수 있는 강한 나라를 만드는 것이 법가의 핵심 전략이다. 법가는 강한 국가를 만들려는 군주에게 이데올로기를 제공했다. 그것을 위해서 법가는 상과 벌로 신하와 백성을 강하게 통제했다. 법가가 가혹한 형벌을 강조하는 것은 모든 인간은 이익에 따라 행동한다는 법가 특유의 인간관을 바탕으로, 인력과 물자를 최대한 동원하여 부국강병에 쓰기 위해서였다. 물론 그런 엄한 법의 집행에서 군주는 당연히 예외였다. 군주는 법 위에 있었고, 그는 법에 의

해서가 아니라 법을 이용하여 그의 권력을 강화했다. 더구나 법가는 군주에게 필요한 통치술로 '법'만이 아니라 사람을 자신의 목적에 맞게 부리는 기술인 '술術', 신하가 군주에게 경외심을 느껴 따르도록 하라는 '세勢'도 강조한다. 그러니 중국 역사에서 강한 카리스마를 갈망하는 절대군주, 부국강병을 추구하는 군주는 법가를 선호했다. 그래서 진시황도 마오쩌둥도 유가를 싫어하고 법가를 추앙했다.

5월인데도 산둥은 불볕더위다. 뙤약볕을 받으며 공자의 직계 후손이 살았던 공부, 공자 사당인 공묘孔廟, 공자를 비롯한 공씨 가문 무덤이 모여 있는 공림孔林을 돌아보느라 하루가 갔다. 이곳을 돌아보면서 내가 유심히 들여다본 것 중 하나는 갖가지 비석이다. 공자 무덤 앞 비석을 포함하여 많은 비석에 홍위병이 부순 걸 다시 맞추어 복원한 흔적이 남아 있다. 공자를 절대 성인으로 숭상한 역사, 공자를 절대 악으로 타도한 역사, 그 흔적을 남긴 채 다시 복원한 현재가 그 비석에 담겨 있다.

취푸를 상징하는 술로 공자의 집안에서 빚은 술이라고 하는 공부가주孔府家酒 공장을 둘러보고, 피곤한 몸에 공부가주를 마시면서 생각한다. 오늘 한국에서 공자란 무엇인가? 유행어 가운데 '공스라이팅'이란 말이 있다. 너무 오랫동안 한국인이 공자에 가스라이팅 당했고, 그래서 한국 사회가 아직도 유교 사회이고, 여전히 여성과 청년에게 억압적이라고 비판하는 청년세대가 쓰는 말이다. 한국은 중국보다 더 유교적이다. 중국보다 훨씬 더 주자학적이다. 위아래 따지는 수직적 상하 의식도 중국보다 더 강하고, 대의명분 의식, 원리주의 의식도 강하다. 그래서 중국인 중에는 한국인이 중국인보다 훨씬 더 공자의 후손답다고 말하는 사람이 있다. 한국이 중국보다 훨씬 유교적이라는 게 좋을 수도 있지만, '공스라이팅'이란 말이 유행하듯이 좋지 않은 일일 수도 있다. 한국 사회에 유교적 예의범절이 강하게 남아 있다는 건 젊은이들에게, 특히 여성들에게 유교 문화의 억압이 강하다는 걸로 여겨지기도 한다. 그렇다고 문혁 때 중국 청년들이 그랬듯이 공자를 통째로 부정하는 게 옳은 길은 아니다. 하지만 공자 사상을, 넓게는 유교를 오늘에 맞게 먼저 철저히 해체하고, 그런 뒤에 오늘의 삶에 맞추어 지금에도 쓸모 있는 공자의 가치를 재발견하고 재구축해야 한국에서 젊은이들과 여성들 사이에서 공스라이팅이란 말이 사라지지 않을까. 취푸의 한 식당에서 공자 집안의 가양주라고 선전하는 공부가주를 마시면서 드는 생각이다.

붉은 고량주를 마시는 붉은 수수밭 영웅들

붉은 고량주가 있구나! 1989년에 영화 「붉은 수수밭紅高粱」

을 보고서 정말 그런 줄 알았다. 중국 대륙하고 수교하기 전이라 타이완 진먼주(金門酒)만 알고, 대륙 고량주는 모르던 때여서 정말로 중국 대륙에는 붉은색 고량주가 있는 줄 알았다. 적어도 영화의 배경인 산둥에는 그런 술이 있는가 싶었다. 나중에 모옌(莫言)의 원작 소설을 보고 나서 그런 붉은 고량주는 없고, 그게 남다른 색채 감각을 지닌 장이머우(張藝謀) 감독의 연출이라는 걸 알았다. 그런데 가짜지만 원작 소설에 없는 붉은색 고량주가 영화에 등장하면서 붉은 태양, 붉은 흙, 붉은 수수, 붉은 열정을 지닌 영웅들로 이어지는 영화 속 원시적 열정이 넘치는 야성의 세계가 완벽해졌다. 장이머우 감독의 탁월한 연출 감각이다.

영화 「붉은 수수밭」은 원작 소설 『붉은 수수밭』의 1, 2부에 나오는 에피소드를 재구성하여 만들었다. 소설보다 영화가 더 낫다고 할 정도로 모옌은 장이머우의 이 영화 덕분에 세계에 이름을 알리게 되었다. 원작 소설에는 영화에 나오는 붉은색 고량주는 없지만, 소설에서도 영화에서처럼 남자 주인공이 고량주에 소변을 본 게 계기가 되어 세상에서 가장 좋은 향과 맛을 지닌 고량주가 탄생한다. 참, 원시적이다. 그런데 그런 원시성이 소설 『붉은 수수밭』의 참 주제다.

오줌이 계기가 되어 천하의 명주가 탄생하는 그런 원시성의 세계는 산둥의 이미지에 어울리지 않을 수 있다. 격식과 예를 중시하는 공자의 고장 산둥의 이미지와는 전혀 다르다. 소설 『붉은 수수밭』에서 화자의 할아버지와 할머니는, 영화에서 남녀 주인공으로 나오는 두 사람은, 예의범절과 법에 저항하면서 자신들의 삶을 산다. 여자는 결혼했지만 다른 남자와 수수밭에서 관계를 맺고, 우리로 치면 산적이라고 할 수 있는 토비土匪 출신 이 남자는 여자의 남편과 시아버지를 죽이고 여자의 남자가 된다. 남자는 나중에 산적 두목도 죽인다. 이들은 법과 예절, 문명의 기준에 따라 사는 사람들이 아니다. 그들에게 그런 것은 생명을 억누르는 억압일 뿐이다. 그들은 인간의 진짜 삶, 생명력 있는 삶은 그런 억압이 강요하는 허위의 삶을 거부하는 데 있다는 걸 입증하는 사람들이다. 행위로만 보면 그들은 불효자이고 범법자이며, 심지어 살인범이다. 그런데 독자에게 그들은 영웅으로 다가온다.

왜 그럴까? 소설 속에 등장하는 부모와 자식 사이의 윤리나 법의 질서라는 게 억압의 다른 이름이어서 그렇다. 여자 주인공이 딸을 팔아버리는 아버지를 부정하고, 남자 주인공이 돈으로 여자를 사 오는 양조장 주인과 병을 앓는 그의 아들을 제거하고 남자의 여자를 성추행한 토비 두목을 없애는 것이 윤리와 법의 이름으로 삶을 짓누르는 부당한 억압을 하나하나 제거해 생명의 활력을 회복하는 일로, 새로운 삶과 새로운 공동체를 가져다주는 과정으로 다가오기 때문이다. 그 과정을 통해서 붉은 수수밭이라는 공간은 법이나 예의범절, 윤리가 지배하는 공간이 아니라 원시적 열정이 이글거리는

영화 「붉은 수수밭」의 한 장면

생명의 공간이 된다. 붉은 수수밭에 사는 이들은 범법자이면서도 억압에 목숨을 걸고 저항하는 반항아이자 영웅이다.

소설 『붉은 수수밭』에서 그렇게 원시적 열정으로 불타는 사람들이 모여 살던 붉은 수수밭 공동체는 결국 사라진다. 자동차와 기관총으로 붉은 수수밭을 밀고 들어오는 일본 제국주의 세력이 첫 파괴자였다. 하지만 파괴자는 일본 제국주의만이 아니었다. 현대화와 혁명의 이름을 앞세운 국가도 파괴에 일조한다. 결국 붉은 수수밭의 세계는 사라지고, 순종 수수가 있던 자리에 잡종 수수가 심어진다. 이 잡종 수수를 먹은 사람들은 공산당 지부 서기 같은 간부를 제외하고는 모두 얼굴이 활력을 잃고 녹슨 쇠 빛깔로 변한다. 소설 마지막에서 손주인 화자는 이렇게 잡종 수수가 포위한 현실에서 "인간이 도달할 수 있는 최상의 경지, 최상의 아름다움의 경지"인 붉은 수수밭의 세상을 영원한 고향으로 그리워한다. 그런데 어디 산둥에서만 순종 인간이 사라졌을까? 모옌의 소설이, 장이머우의 영화가 세계적으로 인기를 누리고 명작으로 꼽히는 것은 잡종 인간의 세상에 살면서 붉은 수수밭의 순종 인간을 그리워하는 사람이 그만큼 많기 때문이 아니겠는가.

여름철 산둥의 농촌은 붉은 수수밭이 끝없이 이어진다. 이 많은 수수는 식재료와 사료, 술을 만드는 데 쓴다. 붉은 수수밭의 세계에 살던 순종 인간에게 고량주는 단순한 술이 아니라 잠자는 야성을 깨우고 원시적 열정을 불러일으키는 도화선이었다. 그래서 고량주를 마실 때 첫잔은 으레 한입에 털어넣어 가슴에 불을 질러야 한다. 소설에서 붉은 수수밭 공간에 사는 사람은 남녀를 불문하고 다들 술을 잘 마신다. 술을 입에 대지 않던 여성도 이곳에 시집와서는 독한 고량주 반병은 너끈히 마신다. 소설의 언급에 따르면 술은 이들을 의협심이 넘치게 만들고, 위험도 두려워하지 않고 죽음도 대수롭지 않게 여기게 한다. 이들에게 술은 억압된 야성의 본능과 원시적 충동을 불러일으켜 생명력 넘치는 삶을 살게 하는 마법의 액체다.

이들이 마시는 술은 알코올 도수가 높은 고량주다. 고량주는 고량, 즉 수수가 주원료여서 그렇게 부른다. 수수와 밀,

옥수수, 찹쌀, 쌀 등 5가지 곡식으로 빚는다. 이런 술을 중국에서도 우리처럼 소주라고 불렀다. 이렇게 도수가 높은 술을 중국에서는 송나라 이후부터 널리 마시게 되었다. 중국에서 술 문화는 몽골족이 지배한 원나라 때부터 달라진다. 이백 같은 주당도 원래는 우리 막걸리같이 쌀로 빚은 도수 낮은 발효주를 마셨지만, 원나라 때부터 도수 높은 증류주를 마시는 문화가 퍼진다. 하지만 어느 술이나 증류주는 당연히 발효주보다 비싸서, 누구나 쉽게 마시는 술이 아니었다. 그런데 청나라 강희제 시대 이후에 사정이 달라졌다. 치수 사업이 발전하면서 중국 전역에서 수수 재배가 늘어났다. 그런데 수수는 쌀 대신 주식으로 먹기에는 부적절하여 술을 빚었고, 그러면서 증류주 가격이 싸지고, 증류주를 마시는 술 문화가 퍼졌다. 중국에서는 원래 도수 높은 증류주를 소주, 고량주 등으로 불렀다. 그런데 사회주의 중국이 들어서고 나서부터 백주로 이름을 통일했다. 이런 백주의 알코올 도수는 53도가 기준이다. 고급은 모두 이 도수를 기준으로 삼는다. 특히 마오타이주가 그렇다. 왜 53도인가? 1951년부터 53도를 유지하는 중국 최고 백주 마오타이 회사의 설명은 이렇다. 알코올 분자와 물 분자의 결합이 53도일 때 가장 단단하고 둘의 친화력도 최고에 이르러 술맛이 최상이란다. 물론 요즘에는 도수 낮은 술을 찾는 사람이 많아서 39도 전후 백주가 많이 나오지만, 최상급 백주는 거의 53도 전후다.

공자와 마오가 꿈꾸었던 이상사회

　공자는, 이상세계는 과거에 있었고 지금은 거기서 멀어지고 끊임없이 타락해가고 있다고 생각했다. 공자는 특히 이미 사라진 주나라를 이상적인 세계로 생각했다. 공자는 분명 복고주의자였다. 그런데 공자와 달리 마오쩌둥은 이상적인 세계는 미래에 있으며, 그 이상적인 세계를 위해서는 과거와 단절해야 한다고 생각했다. 공자가 생각한 이상사회는 수직적 서열을 바탕으로 한 조화로운 질서의 사회였지만, 마오쩌둥은 수평적 평등사회를 갈망했다.

　공자와 마오쩌둥이 생각한 이상사회는 이렇게 달랐지만, 두 사람 생각에 공통점도 있다. 이상적인 사회, 혹은 유토피아를 실현하는 데 가장 중요한 것은 객관적인 사회 조건보다도 사람이라고 보았다. 잘못된 현실을 바로잡고 새로운 세상을 만들려면 윤리와 사상, 문화를 바꾸어 인간을 바로 세우고, 인간을 새롭게 창조하는 게 중요하다고 여긴 것이다. 이렇게 두 사람은 이상주의자이면서 자신의 이상 실현을 위해 인간 개조를 중요하게 여겼기 때문에 중국인에게 강한 도덕심을 요구했다. 물론 두 사람이 요구한 도덕심의 내용은 달랐다. 군자의 도덕심과 사회주의 계급의식 차원의 도덕심은 분명히 차이가 있지만, 인간이 사사로운 일상에서도 늘 도덕심을 지녀야 한다고 요구한 점은 같다. 공자와 마오쩌둥 모두 인간 개조를 통한 새로운 인간 창조라는 현실 변혁 프로그램을 지니고 있어서 그렇다. 우리도 그렇지 않은가? 자식을 잘 키우겠다는 높은 이상과 추상적 설계도를 가진 부모가 자식을 더 엄하게 훈육하고 자식의 삶을 더 도덕적으로 통제하지 않는가? 공자와 마오쩌둥은 중국인에게 그런 도덕심 강한 부모 같은 존재였다.

그런데 이런 생각을 지닌 공자는 잠시 정치에 직접 가담한 적은 있지만, 기본적으로는 학자이자 사상가, 교육자였기 때문에 주로는 권력자와 정치인에게 훈수하고 조언을 할 뿐이었다. 하지만 마오쩌둥은 절대 권위를 지닌 최고 권력자였다. 그는 그가 이룬 공화국에서 자신이 꿈꾸는 이상사회를 실현하기 위해서 중국인을 개조하고 새롭게 만들기 위한 거대한 실험을 진행할 권력을 쥐고 있었다. 그 권력으로 중국인의 사상과 생활습관을 바꾸려고 했다. 인간을 개조하여 새로운 인간으로 만들려고 했다. 마오쩌둥은 이를 위해서 중국인에게 자신의 선집(『모택동 선집』)을 학습하라고 했고, 농촌과 산골로 가서 육체노동을 통해 자신을 개조하라고 했다. 마오쩌둥 시대를 산 중국인들은 그런 실험 공간에서 살았다. 이런 거대한 역사 실험에서 개인은 어떤 선택을 하고, 어떤 삶을 살았을까? 유토피아적 열망에 들떠서 인간을 새롭게 창조하려는 지도자와 국가 앞에서 우리는 어떤 삶을 살아야 할까?

모옌은 산둥성 가오미현高密縣 둥베이東北의 자기 고향 사람들이 살아온 삶으로 그 질문에 답한다. 노벨문학상 수상작인 『인생은 고달파生死疲勞』(2006)에서 작가는 그 답을 보여준다. 이 소설에는 『붉은 수수밭』과 비슷한 영웅이 등장한다. 두 소설의 배경이 시기만 다를 뿐, 같은 곳이어서 그럴까. 그들 영웅은 땅을 사랑하고, 사랑에 진심이다. 법과 도덕의 억압에 순응하면서 사는 게 아니라 고집스럽게 그것에 저항하면서 자신의 삶을 산다. 그런데 이런 영웅, 이번에는 토비가 아니라 머슴 출신이다. 이 머슴은 원래 버려진 아이였는데, 동네의 마음 착한 지주가 그를 발견하여 거둔다. 이 지주는 근면하고 성실하고 인품도 훌륭하다. 그런데 사회주의 공화국이 들어서고 나서 총살당한다.

마오쩌둥의 사회주의 혁명의 주축 세력은 농민이었다. 맑스는 사회주의 혁명은 도시 노동자가 주축이라고 했지만, 중국에서는 아니었다. 중국공산당이 땅을 나누어 주어서 농민은 혁명에 더욱더 진심이었다. 혁명이나 개혁은 늘 추상적 대의명분이나 거창한 이념을 앞세우지만, 그 동기는 결국 개인적이든 집단적이든 사사로운 이익이 더 큰 경우가 많다. 중국 농민에게도 그랬다. 그렇게 농민이 주도한 혁명을 통해 사회주의 공화국이 들어서고, 토지개혁이 전국적으로 일어난다. 그 정책으로 소설 속 지주는 총살된다. 그러자 버려진 아이였던 머슴에게 주인이 갖고 있던 땅이 분배된다. 주인의 첩 가운데 한 사람은 머슴이었던 그와 결혼한다. 처음으로 자기 땅이 생기고, 자기 여자가 생겼다. 어제는 머슴이었으나 이제 황홀한 공화국의 빛나는 새 주인은 바로 그였다.

그런데 인생만사 새옹지마라고 그 좋은 시절은 오래가지 못한다. 마오쩌둥은 토지를 다시 내놓고 인민공사에 들어오라고 명령한다. 이런 배신이 없다. 땅을 나누어 줄 때는 언제고, 다시 가져가는 것이다. 농민은 어떻게 할 것인가? 많은 농민은 마오쩌둥의 말에 따라 땅을 반납하지만, 머슴이었다가 주인이 된 그는 끝까지 내놓지 않고 저항한다. 인민공사라는 집단 소유, 집단 영농에 들어가지 않으면서 끝까지 자기 땅을 지킨다. 자기 땅에 스스로 농사를 짓는 개인농을 고집하다가 결국 죽는다. 그의 분신이었던 소도 국가 정책을 따르지 않는 반동적인 소로 몰려서 채찍을 맞아 죽는다. 소설 『붉은 수수밭』에서 순종 인간이 결국 사라졌듯이, 『인생은 고달파』에서도 그가 국가에 맞서 지킨 개인 소유의 땅도 사라진다. 그는 실패한 영웅이다. 마오쩌둥 시대의 국가는, 그리고 그런 국가를 전폭적으로 믿으면서 국가와 자신을 하나로 생각한 다수 대중은 그들이 생각하는 이상을 위해서 반대자를 몰아붙였다. 개인농을 고집하는 반동이었던 그는 그 이유로 눈을 뜨지 못할 정도로 온 얼굴에 붉은 페인트를 뒤집어쓰고, 그의 소는 살이 떨어져나갈 정도로 맞아서 죽었다. 둘은 죽어서 같이 무덤에 묻힌다. 그의 저항력은 땅에서 왔다. 땅이 그에게 저항의 힘과 생명력을 주었다. 그에게 땅은 부동산이 아니라, 목숨이자 존재의 힘이고 생명의 활력이었다. 그가 인민공사를 거부하면서 자기 땅에 집착한 진짜 이유다.

하지만 그는 결국 실패했고, 죽었다. 마오쩌둥은 승리했다. 그런데 그 승리는 순간이었고, 종말을 알리는 승리였다. 마오쩌둥이 죽고 개혁개방이 시작되면서 인민공사라는 집단농장은 해체된다. 땅은 다시 개인에게 돌아간다. 하지만 잠시 개인에게 돌아갔던 땅은 결국 영원히 사라진다. 그 땅에 리조트가 건설되고 도시가 세워지면서 사라진다.『붉은 수수밭』도 그렇지만『인생은 고달파』도 그렇다. 모옌의 소설은 결국 실향기이다. 그의 고향 산둥성 가오미현 둥베이의 고향 상실에 관한 이야기다. 그의 고향 산둥은 원시적 생명력이 넘치는 영웅들이 사는 고장이었다. 그런데 그런 고향은 결국 사라진다. 영웅도 고향과 함께 사라진다. 모옌의 소설 속에 나타난 실향은 근대화 과정에서 세상 어디에서나 일어나는 실향과 다르다. 주인공이 대학에 진학하거나 돈 벌려고 고향을 떠나는 과정에서 일어나는 일반적인 실향이 아니다. 소설에서 그 실향의 가장 큰 주범은 현대화나 혁명의 이름을 단 제국주의이거나 국가이다. 제국주의 일본이기도 하고 그의 조국 중국이기도 하다. 그의 소설은 인간의 원초적 생명력을 말살하는 현대화와 혁명에 대한 강력한 이의제기다. 권력자가 생각하는 거대한 추상적 이상의 틀에 맞추어 인간을 개조하려는 프로그램의 황당함과 그런 시도의 참담한 실패를, 그것이 인간에게 가한 그 억압을 모옌은 소설을 통해 증언한다.

그 증언은 이상세계에 대한 열망이 도덕적 권유 차원을 넘어서 도덕적 강요와 권력적 강요가 될 때 일어날 수 있는 파괴적 결과에 관한 증언이다. 공자는 기본적으로 학자와 교육자였다. 하지만 마오쩌둥은 학자와 교육자를 자임하는 동시에 최고 권력자였다. 그런 그가 이상사회의 설계도를 그리고, 그 설계도에 따라 사람을 바꾸고 세상을 바꾸려고 했다. 마오쩌둥은 특정 국가, 특정 시대에만 있는 게 아니라 일찍이 없던 새로운 세상과 시대를 창조하겠다고 외치는 이상주의적 열정에 들뜬 지도자의 다른 이름이기도 하다. 중국의 경험에 대한 성찰이 우리에게, 그리고 인류에게 중요한 것은 이 때문이다. 국가는 삶의 근거이자 삶을 드높이는 기제이지만, 때로는 삶의 근거를 망가뜨리고 삶을 모멸한다. 국가란 때로 그런 것이다.

마오쩌둥은 그가 질색했던 공자의 극한이지 않을까? 두 사람은 자신들의 꿈꾸는 이상사회가 있었다. 물론 그 방향은 다르지만, 그들 나름의 이상적인 세상과 인간을 꿈꾸었다. 리더는 그래야 한다. 그런데 그들의 꿈은 지나치게 도덕적이

거나 이념적이었다. 그들의 꿈은 이상주의적이고 유토피아적이었고, 그런 만큼 인간의 섬세한 결에 대한 고려가 없고, 정이 없었다. 그들의 꿈은 이성적이고 도덕적이고 정의로웠지만 숨이 막혔다. 사람은 숨을 쉬어야 산다. 숨은 생명이다. 도덕과 혁명 이전에 숨이 인간의 원초적 생명이다. 숨이 삶이다. 사람은 부귀를 넘어 권력과 혁명을 넘어 자신의 숨을 쉬어야 한다. 그래야 산다. 그런데 그 숨이란 무엇인가? 당연히 사람마다 다르다. 『인생은 고달파』에서 주인공에게 그것은 땅이었다. 지금 우리에게, 그리고 나에게 도저히 양보할 수 없고 나를 나로 만드는, 우리를 우리로 만드는 그 숨은 무엇인가? 오늘 우리 시대는 우리에게 그런 숨을 허하는가?

산둥 사람들이 술에 진심인 이유

산둥성에는 공자의 계보만 있는 게 아니라 모옌의 계보도 있다. 산둥 사람들은 공자의 후손인 동시에 모옌의 후손이기도 하다. 공자의 마음도 갖고 있지만 모옌 소설 속 영웅의 성정을 갖고 사는 사람이 산둥 사람이다. 그래서 나는 산둥성 여행이 즐겁다. 사람이란 원래 그런 것 아닌가. 나도 그렇듯이, 산둥 사람은 공자를 의식하면서 바르게, 도덕적으로, 일상을 공자 콘셉트로 산다. 격식을 중요하게 생각하는 산둥 사람들의 연회 자리는 그들이 공자의 후손이라는 걸 확인하는 경건한 의례다. 그런데 그 의례는 의례로만 끝나는 게 아니다. 사람 사이의 경계와 의례를 넘어서는 파티로 귀결된다. 억눌리고 감추어진 인간 내면의 야성이 수면 위로 올라와 서로 똑같은 인간이라는 걸 확인하는 카니발로 귀결된다. 격식과 의례로 시작했지만, 그것을 넘어 결국에는 서로 마음의 소통, 감정과 영혼의 소통으로 끝난다. 진짜배기 산둥 사람들은 술자리에서는 절대 비즈니스 이야기를 하지 않는다. 술자리에서 비즈니스 이야기를 하면 서로 멀어지기 때문이다. 술자리는 사람이 서로 가까워지기 위해서 만나는 자리다. 산둥 콘셉트다. 그래서 격식과 예의를 차리면서 연회를 시작하지만 결국은 그것을 넘어 이성의 끈나풀을 풀고 야성과 감정의 세계로 들어간다. 그리하여 산둥 사람들은 궁극적으로는 붉은 수수밭의 영웅이 된다. 산둥의 연회와 밥자리, 술자리는 결국은 늘 산둥의 붉은 수수밭으로 귀결된다.

산둥에서 술은 예의범절의 강박을 물려받은 공자의 후손인 산둥인 가슴속 야성에 불을 지른다. 마치 수수가 붉은 태양이 작열하는 여름에 태양을 향해 드높이 붉게 타오르면서 비로소 자신이 되듯이! 그래서 이제야 알겠다, 산둥 사람들이 술에 진심인 이유를. 산둥 사람들이 술을 즐기는 이유는 몽골 사람이나 동북 지방 중국인하고도 다르다. 그들이 맨손으로 호랑이를 때려잡는 무송武松(『수호지』에 나오는 인물)의 후예여서 그런 게 아니다. 그들은 공자의 후손이어서 역설적으로 술에 정말 진심이다. 공자의 후손으로 늘 살아야 하니 진정 술이 필요했던 것이다. 붉은 고량주는 아니더라도 독한 고량주가 필요하다. 삶의 생명력을 보존하고, 그것을 잃지 않기 위해서다. 날마다 숨이 막히는 예의범절과 규칙, 그리고 성인과 경전이 설파하는 도덕과 이성에 절어서 사는 삶에서, 내 안에 그래도 죽지 않고 숨 쉬고 있는 야성과 원시적 생명력을 일깨우기 위하여, 내 몸 안에 아직도 원시적 생명력이 꿈틀거린다는 걸 증명하기 위하여, 그 생명력이 퇴화하는 것을 막기 위하여, 가끔은 고량주가 필요하다.

 오늘 우리도 그렇지 않은가? 그렇게 살면서 그렇게 갈망하지 않는가? 그렇다, 그래서 우리 한국 사람들은 유독 산둥성 고량주를 좋아한다. 한국인의 천성이 그렇다. 그런 천성, 어쩔 것인가.

사오싱

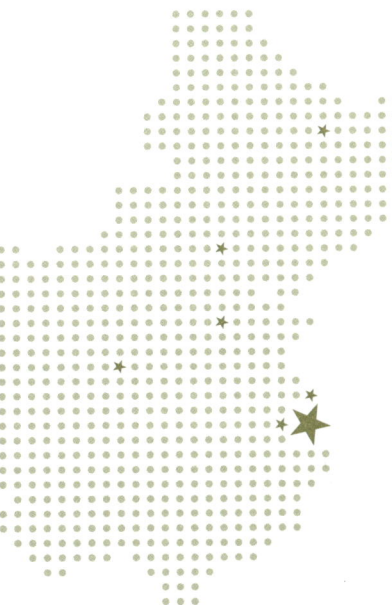

**나를 보호하는
정신승리의 빛과 그늘**

수묵화 한폭의 세계, 사오싱

강남을 상징하는 물의 고장, 운하의 고장에 왔다. 저장성 사오싱^{紹興}이다. 매번 사오싱에 올 때면 수묵화 한폭 속으로 들어오는 기분이다. 실핏줄처럼 연결된 운하와 수많은 작은 아치 모양의 다리, 물길을 따라 늘어선 버드나무, 까만 기와지붕과 하얀 담장으로 된 전형적인 강남 전통 주택, 좁은 물길을 느리게 오가는 까만 작은 배들, 이 모든 게 어우러져 수묵화 한폭의 풍경을 이룬다. 우리에게도 유명한 우전^{烏鎭} 같은 곳에 비해서 덜 상업화되고, 덜 붐비는 것도 사오싱의 매력이다.

수묵화 같은 사오싱 거리는 주로 시 중심가인 웨청구^{越城區}, 한자음으로 월성구 지역이다. 사오싱이 옛날 월나라 땅이어서 그렇다. 오나라 사람과 월나라 사람은 서로 원수 사이인데 한배를 탄다는 뜻인 오월동주吳越同舟, 그리고 땔나무 위에서 자고 쓸개를 핥으면서 치욕을 갚는다는 와신상담臥薪嘗膽이라는 고사성어와 관련된 고장이다. 긴 역사만큼 중국 역사에 한 획을 그은 인물이 많이 났고, 그런 만큼 인문 이야기가 풍성한 고장이다. 중국은 물길을 다스리는 치수治水가 나라를 다스리는 치국治國에 중요했다. 그만큼 어려운 숙제이기도 했다. 다들 물의 흐름을 막아서 물을 다스리려 하다가 실패했을 때, 물을 막지 않고 물길을 터서 물을 다스린 사람이 있었다. 훗날의 우禹임금이다. 물길을 다스린 뒤 그는 죽어서 사오싱에 묻힌다. 물길을 막는 게 아니라 물길을 터서 물을 다스렸다는 신화는 단순히 치수에 관한 이야기가 아니다. 위정자가 민심을 어떻게 읽고 반영해야 치국에 성공할 수 있는지 그 지혜에 관한 철학적·정치적 메시지다.

그런가 하면 사오싱에는 땔나무 위에서 자고 쓸개를 핥으면서 절치부심하여 복수에 성공한 월나라 왕 구천句踐이 있고, 서예의 대가 왕희지王羲之, 주자학을 비판하면서 양명학을 창시한 철학자 왕양명王陽明, 중국 근대 학문과 교육의 틀을 세운 초대 베이징대 학장 차이위안페이蔡元培, 청나라 타도에 목숨을 건 근대 여성 혁명가 추진秋瑾, 그리고 중국 근대를 대표하는 작가 루쉰魯迅이 있다. 그래서 사오싱은 대표적인 인문 여행 도시다. 인문 여행에는 자연경관을 찾는 여행과 다른 마음가짐이 필요하다. 인문은 겉으로 드러나지 않는다. 인문人文의 한자 뜻풀이는 사람의 무늬(人紋)다. 사람의 무늬는 슬쩍 봐서는, 겉을 봐서는 드러나지 않는다. 알아보는 눈이 있어야 보이고, 들여다보려는 마음이 있어야 느낄 수 있다. 그래야 건물과 거리, 풍경 속에 새겨진 사람의 무늬가 보인다.

인문 여행의 고장에 술이 없을 수 없다. 사오싱은 술의 고장이다. 중국 술은 크게 두 종류다. 수수 등을 증류한 백주 계열과 우리 막걸리처럼 쌀 등을 발효한 황주 계열이다. 백주는 흔히 고량주라고 부르는 술로, 요즘은 알코올 도수가 낮은 백주가 많이 나오지만 정통 백주는 53도 정도다. 황주의 도수는 우리 막걸리와 비슷한 16도 정도다. 황주 가운데 가장 유명한 게 사오싱주紹興酒다. 황주가 우리 막걸리와 다른 건 항아리에 넣어 오랜 기간 숙성한다는 점이다. 옛날 사오싱에서는 자식을 낳으면 사오싱주를 담갔다. 아들 낳을 때 빚어서 장원급제하는 날 따는 술이 장원홍狀元紅, 딸 낳을 때 빚어서 계수나무 아래 묻어두었다가 18세 전후 결혼하는 날 마시는 술이 여아홍女兒紅이다.

사오싱주를 두고 미훈주微醺酒라고도 표현한다. 미훈이란 술기운이 약간 돌아서 술이 줄 수 있는 가장 좋은 기분 상태를 표현한 말이다. 적당한 술기운으로 긴장도 풀어지고, 기분도 좋아지고, 생각도 샘솟는 그런 상태다. 꽃은 반쯤 핀 꽃이 아름답고, 술은 반쯤 취한 상태가 제일이라는(花半開, 酒微醺) 말에서 왔다. 『채근담』을 비롯하여 여러곳에 있는 말이다. 어느 정도 마셔야 미훈 상태인지 직접 체험해볼 일이다. 요즘에는 우리나라 마트에서도 살 수 있다. 다만 사오싱주는 데워서 마셔야 제맛을 느낄 수 있다. 격식을 차린 술집에서는 중탕한 술에 매실을 띄워 구리 잔에 낸다. 술 색깔은 낯설다. 발효 과정에서 일어난 당화糖化 작용 때문에 색깔이 까맣다. 살짝 달아서 알코올 도수가 잘 느껴지지 않는데, 한 대접 훌쩍 마시면 아무리 미훈주라도 당연히 취한다.

루쉰 생가에 서린 슬픔

이런 사오싱주를 체험하기에 어디가 가장 좋을까? 술만 파는 곳이 아니라 이야기가 깃들어 있는 곳이면 더욱 좋을 것이다. 셴헝주점咸亨酒店으로 향한다. 루쉰 생가 거리를 쭉 통과하면 그 끝에 있다.

사오싱에서 루쉰 생가 주변만큼은 늘 붐빈다. 중국인에게 루쉰이 어떤 의미인지를 알 수 있다. 애국주의 현장 학습을 하러 온 학생 단체도 늘 있다. 중국인이 루쉰을 좋아하고 존경하는 이유는 사람마다 다르다. 누구는 애국주의 차원에서, 누구는 마오쩌둥이 규정한 것처럼 반제국주의 반봉건주의

사람들로 늘 붐비는 루쉰 고향 거리의 입구

문화혁명에 앞장선 문화 주장이라는 차원에서, 누구는 중국과 중국의 어둠을 가장 날카롭게 비판한 작가이자 지식인이라는 차원에서 루쉰에게 의미를 부여한다. 루쉰은 한국인도 좋아하는 작가다. 특히 진보적 한국 청년과 지식인이 가장 좋아하는 중국 작가다. 루쉰을 「아큐정전」을 쓴 소설가로서 좋아하는 사람도 많지만, 소설보다 그의 산문을 좋아하는 사람도 많다. 루쉰은 소설보다 산문을 더 많이 썼다. 어두운 중국 현실을 비판하고 권력에 맞서 싸운 저항적 지식인의 상징으로 여기면서 좋아하는 한국인도 많다. 루쉰이 암흑의 역사 시기를 살면서 단호하게 권력자를 공격했을 뿐만 아니라 민중의 어둠도 가차 없이 비판해서 그렇다. 이런 루쉰 같은 지식인과 작가가 오늘날의 중국에 필요하다고 생각하는 중국인도 많다.

루쉰의 고향 거리에는 루쉰 생가와 루쉰이 다니던 서당, 그리고 루쉰기념관이 늘어서 있다. 길을 따라가면 한쪽에는 사오싱을 상징하는 건축물이, 다른 쪽에는 사오싱 특유의 물길과 아치 교량을 볼 수 있다. 입구에서 왼쪽 냇가 돌다리를 건너면 루쉰이 다닌 서당이 있다. 삼미서옥三昧書屋이다. 서당 이름이 재밌다. 뜻을 풀자면 세가지 맛을 제공하는 서당이다. 각기 다른 세 종류의 책을 읽으면 각기 다른 체험을 제공한다는 걸 음식 맛에 비유했다. 『논어』 같은 경전을 읽는 맛은 쌀밥과 보리밥 맛처럼 기본적이고, 역사를 읽는 맛은 요리처럼 다양하고 풍성하며, 여러 사상이나 소설을 망라한 제자백가를 읽는 맛은 식초와 젓갈처럼 자극적이라는 뜻이다. 그러니 다양한 책을 읽으며 여러 맛을 느끼고 여러 감각을 발달시키라는 뜻이다.

루쉰이 어렸을 때 공부한 이 서당에는 그가 앉던 자리도 남아 있다. 어린 루쉰은 어느날 지각을 해서 서당 선생에게 혼이 났다. 그래서 다시는 지각하지 않고 일찍 오겠다는 각오를 담아서 책상에 '이를 조早' 자를 새겼다. 그 글자가 루쉰이 앉았던 책상에 그대로 남아 있다.

루쉰은 그의 필명이고 본명은 저우수런周樹人, 한자음으로 주수인이다. 원래 그의 성은 주씨다. 삼미서옥을 지나 안쪽으로 들어가면 오른쪽으로 주씨 가문의 집이 이어진다. 예전에 중국에서는 이렇게 같은 조상 아래 형제들이 모여 살았다. 중국 부자들은 이렇게 대가족을 이루며 살았다. 조상의 유산을 똑같이 균분하여 상속하고, 재산을 똑같이 나누어 받았으니까 당연히 제사도 돌아가면서 지내며 씨족공동체를 이루었다. 그런 주씨 일가의 주택 중간에 루쉰 생가가 있다.

이곳은 입장료를 받지 않는다. 이곳처럼 중국인이라면 누구나 방문해야 하는 별 다섯개 등급(5A급) 유적지는 입장료가 무료다. 국민교육을 위해서 그렇단다. 여권을 스캔하고, 얼굴도 스캔하고 들어가자 겹겹이 쌓인 네모 성냥갑 모양의 집이 나를 맞는다. 집의 규모가 루쉰이 부잣집 도련님이었다는 걸 알려준다. 그런데 열살 무렵부터 사정이 달라졌다. 부잣집이 몰락한 것이다. 어린 루쉰은 한때 외갓집에 가서 살기도 했고, 아버지 약값이 없어서 집안 가재도구를 전당포에 맡겨서 돈을 마련해야 할 정도로 가난했다. 과거시험 비리로 감옥에 간 할아버지를 옥바라지하느라, 그리고 아버지의 병을 치료하느라 순식간에 가세가 기울었다. 그러자 동네 사람이 루쉰과 그의 가족을 쳐다보는 눈이 달라졌다. 루쉰은 그때 마음을 훗날 이렇게 적었다. "나는 넉넉한 집안에서 살던 사람이 갑자기 가난에 떨어졌을 때, 그 추락의 과정에서 세상 사람들의 참모습을 볼 수 있다고 생각한다." 루쉰은 이때 세상인심을 보았다. 내 주위 사람이 나를 대하는 진정한 마음은 내가 어려울 때 드러난다. 세상인심은 내가 잘나갈 때 나 후하다는 걸, 세상은 원래 차가운 곳이라는 걸, 루쉰은 열 살 무렵에 벌써 깨달았다. 그의 문학에 보이는 차가운 세상 모습과 메마른 인성을 지닌 인간 군상의 원형이 이때 그의 뇌리에 새겨졌다.

루쉰 생가에 올 때마다 내 발길이 오래 머무는 곳은 두곳이다. 루쉰과 그의 첫번째 부인 삶의 아픔이 서린 공간이다. 첫째 공간은 루쉰이 일본 유학에서 돌아와 지내던 조그만 방이다. 일본에 국비 유학생으로 가서 의학을 공부하던 루쉰은 채 1년이 되지 않아서 의학 공부를 포기한다. 문학을 하기 위해서였다. 원래 그는 의학으로 중국인의 병든 육체를 고치겠다고 생각했다. 그런데 생각이 달라졌다. 문제는 중국인의 병든 몸이 아니라 병든 정신이니, 중국을 구하기 위해서는 문학으로 중국인의 정신을 고치는 게 중요하다고 생각해서다. 귀국해서 그는 항저우와 고향에 있는 중학교에서 과학 선생을 하며 늘 실의에 젖어 산다. 그의 나이 서른살 때였다. 서른살에도 아직 온전한 삶의 길에 들어서지 못한 채로 지내던 날들이었고, 술이 그의 마음을 위로해주는 나날이었다.

그때 루쉰이 묵었던 방이 생가에 보존되어 있다. 그 방 뒤로 그의 어머니 방인 안채가 있다. 그의 어머니는 오래전에 홀로된 뒤 장남 루쉰에게 모든 희망을 걸었다. 루쉰은 그녀 삶의 버팀목이었다. 그런 어머니의 시선 속에서 지내던 방이다. 루쉰이 그런 절망과 방황의 시간을 견디고 소설가라는 이름을 단 것은 그로부터 8년이 지난 서른여덟살 때였다. 삶의 길은 결단만으로 열리지 않는다. 그 결단이 세상의 흐름과 만나야 한다. 때와 조응해야 한다. 그의 20대 후반과 30대는 자신이 진정으로 원하는 삶을 살아야겠다는 결단을 내렸지만, 그 결단이 세상의 흐름을 타지 못한 채 좌절하고 방황하던 어둠의 시기였다.

루쉰 생가에서 내 발길이 오래 머무는 또다른 방은 루쉰의 첫 부인이 살던 곳이다. 루쉰 어머니 방 위층에 있다. 공개하지 않아서 올라가 볼 수는 없다. 루쉰이 도쿄에서 유학할 때, 어느날 어머니가 위중하니 얼른 돌아오라는 전보를 받는다. 급히 집에 왔더니 붉은 등이 온 집을 밝히고 있었다. 결혼식 준비가 한창인 거였다. 루쉰 나이 스물여섯살 때였다. 혼기가 찬 장남을 하루빨리 결혼시켜 후손을 보려는 홀어머니 마음에 거짓 전보를 친 것이다. 루쉰은 혼례를 거절하지 않았다. 혼례를 치르고 신부와 하룻밤을 지낸 뒤, 다시는 그녀 방에 들어가지 않았다. 나흘째 되는 날에 루쉰은 동생을 데리고 일본으로 돌아갔다.

루쉰의 부인은 루쉰이 나중에 베이징에 살 때도 루쉰 어머니와 함께 베이징으로 따라간다. 하지만 루쉰과 한집에서 살 뿐 두 사람은 같은 방을 쓴 적은 없다. 루쉰은 친구에게 그녀에 관해서 이렇게 말했다. "어머니가 내게 준 선물이다.

나는 그저 잘 보살필 따름이다. 사랑은 나는 모른다." 루쉰의 첫 부인은 전통적인 여성이었다. 전족을 한데다 글도 배우지 못했다. 루쉰은 그런 첫 부인과 이혼하지도, 그렇다고 부인으로 인정하지도 않은 채 살았다. 왜 그랬을까? 같이 살기에는 애정이 없었고, 그렇다고 돌려보내면 소박맞고 쫓겨온 비참한 여인으로 살아야 했다. 글도 모르고 생계를 꾸릴 능력도 없는 그녀였다. 그래서 그녀는 루쉰이 베이징에서 다른 곳으로 이사할 때 친정으로 돌아가길 원하느냐고 묻자 그냥 남겠다고 했다. 그녀는 루쉰 아내이기보다는 루쉰 어머니의 동반자로서 살았다.

교육부 공무원이자 대학 강사로서 베이징에서 어머니, 아내와 같이 살던 루쉰에게 새로운 여자가 생긴다. 그녀 이름은 쉬광핑(許廣平). 루쉰은 베이징 여자사범대학에서 강의했는데, 그때 강의를 듣던 학생이었다. 학생회 리더이자, 루쉰의 집을 드나들면서 루쉰의 원고 정리를 돕기도 했다. 두 사람은 편지를 주고받으면서 인생과 세상을 이야기하기도 했다. 이런 과정에서 둘 사이에 선생과 제자의 관계를 넘는 사랑의 감정이 생겼다. 그녀는 루쉰에게 '안면(安眠)' '와유(臥游)' 글자를 자수로 새긴 베개를 선물하기도 했다. 이 베개를 베고서 편히 잘 자고, 자면서 좋은 꿈을 꾸길 기원한 것이다. 이 베개는 베이징 루쉰 생가의 루쉰 침실에 지금도 보존되어 있다. 첫째 부인과 한집에 살면서 동시에 제자와 사랑의 감정이 싹튼 곤혹스러운 상황이었다. 루쉰은 결국 1926년 8월 베이징을 떠난다. 한편으로는 진보 인사를 탄압하는 정부의 감시와 체포 위협에서 벗어나기 위해서였고, 다른 한편으로는 사랑을 위해서였다. 루쉰은 샤먼, 광저우를 거쳐 1년 뒤인 1927년에 상하이에 도착한다. 이때부터 1936년 죽을 때까지 루쉰은 쉬광핑과 함께 상하이에서 새 삶을 살았다. 둘 사이에서 아들도 하나 태어났다. 루쉰이 이렇게 상하이에서 새 부인과 같이 살 때, 첫 부인은 베이징에서 루쉰이 상하이에서 보내준 생활비로 그의 어머니를 모시면서 살았다.

함께 걸어가면 없던 길도 생긴다

루쉰의 글 중에는 많은 사람이 좋아하는 아포리즘 같은 문구가 많다. 그중에서도 가장 유명한 구절은 희망에 관한 구절이다. "희망이란 원래 있다고도 할 수 없고 없다고도 할 수 없다. 그것은 지상의 길과 같다. 원래 지상에는 길이 없었다. 가는 사람이 많아지면 길이 된다." 소설 「고향」(1921) 마지막에 나오는 말이다. 우리나라 드라마에도 나오고, 유명 정치인이 선거철에 사용할 정도로 유명하다. 루쉰의 이 말은 희망이란 원래부터 당연하게 있지도 않고, 그렇다고 원래부터 당연히 없는 것도 아니라는 생각에서 출발한다. 희망이 있고 없고는 걷는 발걸음에 달려 있다는 거다. 마치 땅에 원래부터 길이 있던 게 아니라 그곳을 걸어간 발길이 많아져서 길이 생긴 것과 같은 이치라고 루쉰은 말한다. 여기서 중요한 것은 걸어가는 사람이 많아야 한다는 점이다. 혼자가 아니라 함께 여럿이 같이 갈 때 세상에 희망의 길이 생긴다는 거다.

희망을 지상의 길이 지닌 속성에 비유한 루쉰의 말은 루쉰이 어렸을 때 절친이자 우상이기도 했던 친구를 성인이 되어 다시 만나 깊은 슬픔을 느끼면서 나왔다. 루쉰과 그의 친구가 처음 만난 건 집에서 큰 제사를 준비할 때였다. 루쉰 집 머슴이 루쉰 나이 또래인 그의 아들을 데리고 온다. 부잣집 도련님이든 머슴 자식이든 상관없이 둘은 즐겁게 하나가 된다. 머슴 아들은 달이 뜬 수박밭에서 오소리 잡은 이야기, 참새 잡은 이야기 등 루쉰이 겪어 보지 못한 온갖 신기한 이야기를 들려준다. 네모난 높은 담장에 갇혀 사는 도시 어린이 루쉰은 그에게 푹 빠진다. 그를 영웅처럼 여긴다. 머슴 아들이 전해준 경험담은 아름답고 신비한 과거 고향의 이야기였다.

세월이 흘러서 성인이 된 루쉰은 어머니를 모시고 직장이 있는 베이징으로 떠나기 위해서 고향에 온다. 그때 어렸을 적 그의 영웅을 다시 만난다. 루쉰은 잔뜩 기대하고, 그가 오기를 기다린다. 그가 마당에 들어서자 어린 시절 루쉰의 영웅이 그에게 인사한다. 그런데 그가 루쉰을 이렇게 부른다.

"나리!"

어린 시절의 친구, 어린 시절 루쉰의 영웅은 이제 머슴의 아들로 돌아가서 루쉰을 나리라고 부른 것이다. 이 말을 듣는 순간 루쉰은 소름이 돋는다. 그러면서 깨닫는다. 두 사람 사이에 이미 두꺼운 장벽이 놓여 있다는 것을. 더구나 그는 힘든 농사일에 시달린 나머지 손은 소나무 껍질처럼 거칠고, 얼굴은 주름투성이인데다 벌겋게 부어 있었다. 목각인형 같았다. 소년 루쉰이 반했던 영웅의 모습은 흔적조차 찾을 수 없었다.

이런 일을 겪은 뒤, 루쉰은 배를 타고 고향을 떠나면서 새로운 세상을 꿈꾼다. 두 사람을 이렇게 갈라놓은 슬픈 장벽이 없는 새로운 세상을, 고통스러운 삶을 사는 사람이 없는 새로운 세상을 꿈꾼다. 그런데 이런 세상을 소망하면서도 루쉰은 한편으로 회의한다. 이런 새로운 세상을 바라는 그의 꿈이 터무니없고 실현 불가능한 꿈은 아닐지, 그런 세상이 과연 가능할지 의심한다. 그런 회의 속에서 루쉰은 희망을 지상의 길에 비유하면서 새로운 세상을 꿈꾼다. 희망을 향해서 같이 걸어가는 사람이 많으면 희망은 생긴다고 자신에게 말하면서, 그의 마음속 회의를 밀쳐낸다. 많은 사람이 걸어가면 없던 길도 생기듯이 새로운 세상을 만드는 일도 마찬가지라고 생각한다. 그러니 포기하지 말고 여럿이 함께 걸어가야 한다고. 그렇게 여럿이 함께 길을 가면 사람과 사람이 하나가 되고, 부잣집 아이와 머슴 아이 사이에 슬프고 두꺼운 장벽이 없는 세상이 분명히 올 것으로 생각한다. 루쉰 스스로에게 건네는 말이자, 루쉰이 희망을 회의하는 이들에게, 새로운 세상을 만들려는 모든 이에게 건네는 말이다.

소설 「고향」에 나오는 그 머슴 아들의 이름은 룬투潤土다. 루쉰과 그가 처음 만난 곳은 루쉰의 집 부엌이었다. 루쉰 어머니 방을 돌아서 지나면 부엌이 있다. 그곳에서 소년 루쉰은 아버지를 따라온 룬투를 처음 만났다. 예전에는 없었는데, 부엌에 룬투 모양의 인형을 만들어 세워놓았다. 조악하기 짝이 없는 모양을 하고 있어서 감흥이 오히려 싹 가신다. 1993년 5월, 사오싱 루쉰 생가를 처음 방문했을 때, 룬투의 손자 장구이張貴를 만났다. 장구이는 할아버지 룬투와 루쉰의 인연으로 사오싱 루쉰기념관 부관장을 지냈다. 마치 룬투를 만난 듯했다.

정신승리의 대가 아큐가 늘 즐거운 이유

우리는 예행연습도 없이 단 한번뿐인 삶을 산다. 힘든 일이다. 살다보면 풍부한 경험에서 나오는 지혜 담긴 조언이 간절한 때가 많다. 특히 어려운 상황을 맞거나 삶이 벽에 부덮혔을 때는 더욱 그렇다. 삶의 지혜뿐만 아니라 삶의 기술이나 요령이라는 차원에서도 경험 많은 이의 조언이 그립다. 그런 사람이 없을 경우 우리는 소설이나 영화를 통해 다른 사람의 삶의 경험을 얻을 수 있다. 우리가 따라서 배워야 할 모범 선생이든, 따라서 배우지 말아야 할 반면 선생이든 소설과 영화 속 삶은 우리에게 그런 간접 체험을 제공한다.

루쉰 소설 「아큐정전」(1921)에도 그런 삶의 지혜가 들어 있다. 소설에는 삶이 어려운 상황에 부딪혔을 때, 삶의 기술이라는 차원에서 그 나름의 독특한 방법을 지닌 사람이 등장한다. 주인공 아큐다. 우리가 흔히 사용하는 정신승리란 말이 이 사람에게서 나왔다. 아큐는 정신승리법의 원조이자 대가이다.

루쉰 생가를 나와서 아큐가 살던 곳으로 향한다. 루쉰 생가 거리가 끝나는 곳에 이르면, 길 오른편에서 고약한 냄새가 코를 찌른다. 이곳만 그런 게 아니라 생가 거리를 걷는 내내 공기에 섞여 있는 냄새다. 발효한 두부를 튀겨서 파는 취두부臭豆腐 때문이다. 유명한 취두부 가게여서 그런지 앞에 늘 어선 줄이 길다. 그 줄에 껴서 기다리다가 조그만 네모 취두부 열개를 샀다. 그렇게 냄새나는 걸 어찌 먹으냐 싶지만, 정작 입안에 넣으면 냄새가 심하지 않다. 씹으면 오히려 고소하다.

취두부 가게를 끼고 좁은 골목 안으로 들어가면 오른쪽에

허름한 작은 사당이 있다. 간판에 토곡사(土穀祠)라고 적혀 있다. 농촌에서 제일 귀하게 모셔야 하는 신은 땅의 신과 곡식의 신이다. 토곡사는 그 두 신을 모시는 사당이다.「아큐정전」의 주인공 아큐가 살던 곳이기도 하다. 아큐는 자기 집이 없어서 여기서 살았다. 아큐는 집만 없는 게 아니라 일정한 직업도 없다. 하루하루 날품을 팔며 산다. 그가 사는 동네에서 가장 밑바닥 신세다. 그래서 동네 건달도 툭하면 건들고 때린다. 그런데도 늘 즐겁고, 삶에 만족한다. 그 비결이 무엇인가? 정신승리법 덕분이다. 정신승리법이란 말 그대로 현실에서는 졌는데, 자신이 지지 않고 승리했다고 생각하는 방법이다. 현실에서 자신이 졌다는 것을 인정하지 않을 뿐만 아니라 실패하거나 불리한 상황에서 마음의 평정을 찾고 자기를 합리화함으로써 자기를 방어하는 방법이다.

아큐는 이런 정신승리법을 다양하게 사용한다. 어느날 아큐가 동네에서 길을 간다. 동네 건달이 그런 아큐를 때린다. 딱히 이유가 있어서 그런 게 아니다. 이런 일을 당하면 보통 사람은 대개 이렇게 반응한다. 왜 때리느냐고 따지든지 덤벼들어 싸우든지, 아니면 속을 부글부글 끓이면서 분을 삭이지 못한다. 힘이 있거나, 불의를 참지 못하는 성미거나, 용기 있는 사람이라면 덤벼들 수도 있다.

그런데 아큐는 이렇게 반응하지 않는다. 아큐는 동네 건달에게 맞은 뒤 마음속으로 세상이 엉망이어서 이런 세상에

「아큐정전」의 주인공 아큐가 살던 토곡사

살다보면 자식같이 어린것에게 맞는 재수 없고 어처구니없는 일을 당할 수도 있다고 생각한다. 아큐의 이런 대응은 상대를 하찮은 사람으로 낮추면서 자신을 높이는 방법이다. '저런 수준 낮은 인간하고 내가 싸워서 뭐 하겠어' '저런 하찮은 사람하고 말싸움해봤자 내 입만 아프지'라고 생각하는 방법이다. 이렇게 생각을 바꾸면 마치 자신이 승리한 것처럼 즐겁고 만족스러워진다. 언제 그런 일이 있었느냐 싶기도 하다. 아큐는 건달에게 맞았으니까 현실에서는 졌다. 하지만 정신세계에서는 그가 이겼다. 그가 즐거운 이유다. 현실에서는 맞았지만, 정신세계에서는 그 일은 이미 잊히고 의미 없어졌다. 아큐가 사용한 정신승리법의 효과다.

물론 아큐가 정신승리를 위해서 이 방법만 쓰는 건 아니다. 자기를 높이면서 상대를 낮추는 방법도 쓰고, 반대로 자기를 낮추는 방법도 쓴다. 실패하거나 좋지 않은 일을 당했을 때 한없이 자신을 낮추어 마음의 평정을 찾고 자신을 방어하는 방법이다. 이런 방법을 우리도 가끔 쓰기도 한다. 예를 들어 이런 경우다. 시험을 봤는데 형편없는 점수를 받았다. 그럴 때, '내가 시험공부도 하지 않았잖아. 더구나 난 원래 공부 잘하지 못하잖아. 그러니까 이런 점수를 받는 게 당연해.' 이렇게 생각하는 방법이다.

아큐는 정신승리를 위해서 비겁한 방법도 쓴다. 한번은 동네에서 자기보다 잘나가고 센 사람에게 맞아서 속이 상한다. 그런데 마침 동네 절에 있는 비구니가 다가온다. 그러자 아큐는 비구니의 볼을 만진다. 그런 뒤 으쓱해진다. 승리한 기분을 느낀다. 맞아서 속상한 마음을 성추행으로 씻어내고 승리한 기분을 회복하는 것이다. 약자에게 강하고 강자에게 약한 전형적인 약강강약 방식으로 마음의 평정을 찾는다. 더 극단적이고 병적인 방법도 있다. 자기보다 약한 남에게 전가하는 게 아니라 자기가 자기 자신을 때리는 거다. 아큐는 이런 환상 속에서 남에게 맞은 사실을 잊는다. 물론 아큐는 이런저런 방법을 사용하는 동시에 망각을 이용하기도 한다. 정신승리법의 달인인 아큐는 망각의 달인이기도 하다. 실패하거나 기분 나쁜 일을 빨리 잊는다. 그가 늘 즐겁고 마음 편한 비결이다.

정신승리법을 쓰면서 버티는 짠한 삶

아큐가 사용하는 정신승리 방법은 병인가? 아큐라는 인물을 창조한 작가 루쉰은 그렇게 생각했다. 중국 민족 누구나 가지고 있는 고질병이고, 이 병을 고치지 않으면 중국은 희망이 없다고 생각해서 그런 고질병 환자를 상징하는 인물로 아큐를 창조했다. 루쉰은 중국이 서구와 일본의 침략, 그리고 내부 부패와 무능으로 맞은 위기를 극복하기 위해서는 중국의 민족성을 고쳐야 한다고 생각했다. 루쉰은 사람을 바로 세워야 중국을 바꾸고 세상을 바꿀 수 있다고 생각했고, 그래서 아큐라는 인물을 창조하여 그를 비판했다.

그런데 루쉰이 이렇게 중국인의 민족 질환이라고 생각한 정신승리법을 이제는 근대 중국을 넘어 오늘 우리 주위에서도 흔히 볼 수 있다. 정신승리란 말이 일상적으로 쓰이고, 인터넷에서 정신승리법을 검색하면 다양한 버전이 나온다. 직장인의 정신승리법도 있고, 학생 버전, 심지어 초등학생 버전도 있다. 이런 차원의 정신승리법은 힘들 때 사용하는 일상의 매뉴얼 같은 것이다. 직장인이 출근하기 싫거나 상사에게 지적을 받았을 때, 학생이 시험을 잘 치르지 못했을 때 등 마음이 편하지 않거나 힘들 경우에, 생각을 바꾸어 마음을 편하게 하고 자신을 위로할 수 있는 매뉴얼의 하나로 정신승리법을 사용한다.

정신승리법은 아큐만이 아니라 누구든 사용한다. 그것은 정신승리법이 심리학에서 말하는 자기방어 기제 가운데 하나이기 때문이다. 심리학에서 말하는 자기방어 기제로는, 유쾌하지 않거나 불안을 가져오는 일에서 도피하거나 부정하는 것, 다른 사람이나 대상에게 그것을 투사하거나 전이하는 것, 그리고 합리화하는 것 등 다양한 방법이 있다. 아큐도 이런 자기방어 기제로 정신승리법을 잘 사용한다. 이렇게 보자면 정신승리법은 자기를 보존하고, 힘들고 상처 입은 삶을 회복하는 방법의 하나다.

 시험을 망친 학생은 선생님이 문제를 정상적으로 냈으면 시험을 잘 볼 수 있었는데 이상한 데서 내어 엉망으로 봤다면서 그 책임을 선생님에게 돌리면 심란한 마음이 조금은 가벼워진다. 그것이 보통 사람의 심리다. 이렇게 정신승리는 우리가 힘이 들거나 좋지 않은 일을 겪었을 때 위축되지 않고 명랑하게 사는 방법 가운데 하나다. 물론 제일 좋은 것은 정신승리법을 쓸 일 자체가 없는 거다. 하지만 인생이 어디 그런가. 정신승리법을 써야 하는 짠한 경우는 언제든지, 그리고 누구에게나 있다. 아큐도 사실은 짠한 삶을 산다. 동네 사람이 날품 거리를 주지 않으면 먹고살 수가 없다. 그는 동네에서 을 중에서도 을이고, 루저 중에서도 루저다. 이런 아큐의 처지를 생각하면, 그가 정신승리법을 쓰는 게 밑바닥 삶에 길들여져 노예근성을 갖게 된 탓이라고 비판만 할 수는 없다. 아큐의 처지를 따라 조금 더 깊이 생각해보면, 아큐는 밑바닥 삶을 살면서 출구 없는 힘든 현실을 버티기 위해 정신승리에 기댄다고 볼 수도 있다. 우리가 경쟁과 성과와 성공의 압박에 시달리며 때로는 넘어지고 밀려나는 순간, 정신승리법을 사용하여 버티고 자신을 방어하는 것처럼 아큐도 그렇게 힘든 현실을 견디는 것이다. 그래서 아큐가 바보스러워 보이고 아큐의 모습에 화가 나기도 하지만, 다른 한편 짠하다.

정신승리법은 아편과 같다

그런데 살아가면서 실패하고 힘들 때마다 정신승리법을 사용해도 될까? 이 질문에 대한 답은 소설 속 아큐의 종말에 있다. 소설에서 정신승리법의 대가인 아큐는 결국 자신의 쳇바퀴 같은 비극적 삶에서 벗어나지 못하여 도둑으로 몰려 죽음을 맞는다. 여러가지 정신승리 방법을 반복하여 사용해도 그의 삶은 조금도 나아지지 않는다. 한때 잘나가기도 하지만 잠시일 뿐 다시 원래 밑바닥 신세로 돌아간다. 정신승리법이라는 방법이 지닌 한계 때문에 당연한 결과다.

정신승리법을 사용하면 일시적으로 힘든 현실에서 벗어난 것처럼 여겨지지만, 그렇다고 자신이 실패한 현실이 사라지는 건 아니다. 변한 건 없다. 마음만, 생각만 달라졌을 뿐이다. 내가 실패하고 나를 좌절시킨 그 현실은 여전히 변하지 않은 채 자신 앞에 우뚝 서 있다. 정신승리법은 결국 아편처럼 일시적인 진정 효과만 가져다줄 뿐이다. 아편으로 잠시나마 통증을 가라앉힐 수는 있다. 하지만 그것이 상처의 뿌리를 치유하는 일은 아니어서, 일시적인 진정 효과가 사라지면 다시 아플 수 있다. 더구나 아큐처럼 정신승리법을 사용하는 데 중독되면, 삶은 파멸한다.

아큐는 정신승리법 중독자다. 그는 실패했을 때 실패에서 배우지 않은 채 습관적으로 정신승리법을 사용해 패배한 현실에서 도피하거나 자기에게 유리한 쪽으로만 해석하고, 패배와 실패를 얼른 기억에서 지워버리기에 바쁘다. 실패하고 패배했을 때 중요한 것은 왜 그리 되었는지를 복기하고, 이를 통해 깨우침을 얻는 일이다. 실패에서 배우는 실패학이 필요하다. 그래야 실패와 패배를 되풀이하지 않는다. 물론 실패와 패배를 직시하는 것만큼 힘든 일은 없다. 상처를 직시하는 일이어서 그렇다. 하지만 그런 직시가 없으면 실패와 패배에서 배우지 못하고, 그것이 되풀이되는 걸 막지 못한다. 정신승리법에 중독된 아큐의 삶이 그랬다.

살아가다보면 정신승리법을 쓰는 일이 언제든 일어날 수 있다. 그럴 때면 아큐를 떠올리면서 어떻게 하면 정신승리법을 슬기롭게 사용할 수 있을지 고민이 필요하다. 정신승리법은 자기를 보존하고 방어하는 방법이지만, 중독되면 자신을 파멸시키는 독약이 되기도 한다. 자신의 의지로도 어쩔 수 없는 불가항력의 상황에 놓였을 때 사용하는 정신승리법은 삶을 파멸에서 구하는 하나의 지혜일 수 있다. 즉 수세적인 차원의 자기 보존법의 하나다. 하지만 자신의 상황을 스스로 충분히 변화시킬 수 있는데도 정신승리법을 자주 사용하면서 현실을 외면할 때, 삶은 파멸로 간다, 아큐처럼.

외상값을 남긴 채 사라진 쿵이지

사오싱 토속 음식과 함께 사오싱주를 마시러 셴헝주점에 왔다. 루쉰 소설 「쿵이지孔乙己」(1919)에 등장하는 술집이다. 쿵이지(공을기)는 소설 주인공 이름이고, 그가 드나들던 술집 이름이 셴헝주점이다. 이 술집은 소설에 나온 대로 재현되었다. 소설에서 이 술집은 이중구조다. 돈 있는 사람은 안쪽의 내실로 들어가 요리에 곁들여 술을 마시고, 돈이 없는 사람은 바깥에서 마신다. 지금도 이 술집은 이런 이중구조로 되어 있다. 소박하게 테이블만 놓인 밖에서는 술만 팔고, 문안 내실로 들어가면 사오싱 토속 요리를 판다. 소설 주인공 쿵이지는 몰락한 선비다. 선비여서 두루마기 모양의 긴 장삼을 입고 다니며 문자를 입에 달고 살지만 돈이 없다. 그래서 장삼을 입은 사람 가운데 유일하게 밖에서 술을 먹는다.

쿵이지는 책을 대필하거나 책을 훔친 돈으로 술을 먹는다. 한번은 책을 훔치다 들켜서 맞아 다리가 부러졌는데, 그는 그래도 기어서 이 술집 문지방을 넘는다. 소설은 낡은 관념에 사로잡힌 채 구시대 유물로 전락하여 비참한 삶을 사는 주인공 쿵이지, 그리고 그런 그의 비참한 삶에 대한 연민은 조금도 없이 오직 조롱하고 놀리는 술꾼과 술집 어린 종업원을 전방위적으로 비판한다. 남의 아픔이나 불행에 공감이나 연민이 없는 중국인, 루쉰이 글에서 비판하는 단골 주제다.

쿵이지처럼 바깥쪽에 자리를 잡고 사오싱주 한잔, 그리고 후이샹더우_茴香豆_(회향두)라는 콩 한접시를 주문했다. 큰 손톱 크기의 회향두는 살짝 짤짤해서 돈이 없는 사람들이 즐기는 술안주다. 쌀쌀한 날씨에 덥힌 술 한대접이 들어가자, 몸이 따뜻해진다. 카운터 한쪽에 '쿵이지 외상 19전'이라고 적힌 팻말이 걸려 있다. 동네 사람들의 놀림감이었던 쿵이지는 외상값을 남긴 채 더는 술집에 나타나지 않는다. 소설은 이렇게 끝난다. "지금까지도 나는 그를 보지 못했다. 아마 죽었으리라."

술에 절인 새우 요리의 아픔

사오싱 요리에는 민물 새우 요리가 많다. 그중에 쭈이샤_醉蝦_라는 술에 취한 새우 요리가 유명하다. 산 새우를 술에 담갔다가 불에 구워먹는 요리다. 새우가 신선하면 술에 담갔을 때 더 팔딱거리는데 그럴수록 새우 맛이 좋아진다. 정통으로 요리하는 가게에서는 이 요리를 주문하면 산 새우를 가져와 직접 새우에 술을 부어서 파닥이는 새우를 보여준 뒤 불을 붙여 즉석에서 요리한다. 루쉰은 이런 새우 요리를 하는 요리사에 자신을 비유하기도 했다. 루쉰이 중국의 어둠을 비

산 새우를 술에 담갔다가 구워먹는 요리 쭈이샤

판하고 권력에 단호하게 저항하자 중국 현실에 분노하면서 변화를 갈망하던 대학생과 청년들이 루쉰의 글에 열광한다. 그런데 루쉰의 글을 읽고 각성한 청년들이 중국 독재정권에 저항하다가 희생당하는 일이 많았다. 루쉰은 가슴이 아팠다. 마치 새우 요리를 하는 요리사처럼 자신이 청년을 깨어나게 하고 감각을 예민하게 해서 청년을 토벌하는 인간들에게 쾌감을 주는 건 아닌지 가슴 아파하고 자책했다. 루쉰의 아픔이 담긴 요리다. 청년을 일깨우는 데 일생을 바친 루쉰, 루쉰의 글을 읽고 루쉰과 함께 중국을 변혁하려다 희생당한 수많은 청년을 생각하면서 쭈이샤, 즉 취하 요리에 사오싱주를 기울여볼 일이다.

사오싱은 상하이에서도 하루에 다녀올 수 있다. 고속철을 타면 1시간 30분 정도 걸린다. 루쉰 생가, 그리고 서예의 대가인 왕희지 생가 주변과 유적지인 난정蘭亭을 돌아보는 정도면 하루로도 충분하다. 항저우에서는 고속철로 30분도 채 걸리지 않는다. 상대적으로 조용하고 숙박료도 저렴한 사오싱에서 하룻밤을 지내며 크고 작은 물길과 다리를 수놓은 야경을 즐길 수 있다. 교외에 있는 둥후東湖, 강남 시골 마을을 재현한 루전魯鎭 마을, 그리고 양명학에 관심 있다면 왕양명 무덤도 가볼 만하다. 사오싱 투어는 1박 2일 일정이면 넉넉하다.

항저우

**고난을 대하는
한가지 삶의 철학**

판사가 노숙자에게 소설을 건네다

2023년 12월 부산지방법원 박주영 판사는 노숙인에게 유죄 선고를 내리고, 그의 힘든 처지를 위로하면서 책을 한권 건넸다. 그 책 사이에 10만원도 함께 들어 있었다. 그 노숙인은 부모가 모두 사망하고 나서 30대 초반부터 집 없이 노숙하면서 고철이나 폐지를 주우며 살아왔다. 그런데 부산의 한 편의점에서 다른 노숙인과 술을 마시다가 서로 말다툼이 일어났고, 그가 흉기로 상대방을 위협한 혐의로 재판받았다. 박 판사가 10만원을 넣어 노숙인에게 건네준 책은 중국 작가 위화余華의 소설 『인생活着』(1993, 한국어 번역본은 2007년 간행)이었다. 많은 한국인이 좋아하는 장이머우 감독의 영화 「인생」(1994)의 원작 소설이다.

노숙자로 죄를 지은 사람에게 위화 소설 『인생』을 건넨 판사의 뜻을 온전히 짐작할 수는 없다. 하지만 보통 책을 선물하는 우리 마음으로 미루어 짐작해보자면, 그 판사는 소설 한권만으로 그 사람의 삶이 좋아질 수는 없겠지만, 그래도 그 소설이 고단하고 희망 없는 삶과 메마른 마음에 조금이라도 위로가 되고, 살아갈 힘이 되길 바랐을 것이다. 이 소설이 그런 위로와 힘이 될 수 있을까? 위화 소설 『인생』은 중국인이 매우 좋아하는 스테디셀러다. 이 소설을 읽은 많은 중국인 독자는 소설 주인공을 두고서 그가 진짜 중국인이고, 중국인의 인생관이나 삶의 철학을 상징하는 인물이라고 평가한다. 매우 중국적인 소설인 셈이다. 그런데 이런 중국인의 삶의 철학이 담긴 소설이 부모도 잃고 집도 없이 생의 절반을 노숙으로 산 노년의 한국인에게 국경을 넘어 공감을 주고, 그의 힘든 삶을 위로해줄 수 있을까?

백범 김구의 피난지와 작가 위화

소설 『인생』의 무대는 항저우杭州 인근이다. 위화 소설이 대부분 그렇지만, 이 소설에서도 배경으로 삼은 지역이 명시적으로 나오지는 않는다. 구체적인 지명이 딱 한곳 나오는데, 그곳이 신평新豊이다. 주인공이 소를 산 곳이다. 우리나라로 치면 읍에 해당한다. 행정구역으로는 자싱시嘉興市에 속하지만, 항저우 쪽에 더 가깝다. 위화는 소설을 쓰는 일은 집으로 돌아가는 것이라고 말했다. 상징적인 언급이지만, 위화의 소설 배경은 대부분 그의 고향이라는 점에서, 그의 소설 쓰기는 귀가와 귀향의 의미를 지닌다.

항저우에는 서쪽 호수 시후西湖가 있고, 자싱에는 남쪽 호수 난후南湖가 있다. 위화는 항저우에서 태어났지만, 부모의 직장을 따라서 자싱으로 이사한다. 구체적으로는 자싱시 하이옌海鹽이다. 자싱은 백범 김구 선생과 각별한 인연이 있는 곳이다. 매헌 윤봉길이 1932년 홍커우虹口공원에서 일본 천황의 생일 기념행사를 하는 일본군에게 폭탄을 던진다. 일본은 이 일과 관련된 독립운동 인사를 체포하기 위해 눈에 불을 켜고, 임시정부 인사들은 이 때문에 긴 고난의 피난을 떠난다. 백범은 자신이 배후라고 공개적으로 밝히고는 피난길에 나선다. 위험부담을 홀로 지려는 거였다. 백범이 일본 경찰의 눈을 피해 숨어든 곳이 자싱의 난후 호수 주변에 있는 한 주택이었다. 지금 '백범 김구 선생 피난처'라는 이름으로 보존된 곳이다. 호수에 잇닿아 있어서 위험이 닥치면 배를 타고 바로 도망할 수 있는 곳이다. 영화 「밀정」(2016)에 나온 것처럼 2층 백범 숙소 마룻바닥 한곳을 표가 나지 않게 몰래 뚫어서, 비상 상황이 생기면 바로 호수로 내려가 배를 탈 수 있다. 배 한척이 늘 준비되어 있었다. 주택의 원형이 잘 보존되어 있어서 당시 백범이 느꼈을 압박감과 초조함을 느낄 수 있는 곳이다.

백범이 여기로 피난 온 것은 주푸청褚輔成이라는 중국인 때문이었다. 이 집은 그의 양아들 별장이었다. 주푸청과 백범은 아무 인연이 없었다. 다만 윤봉길 의사 거사 이후에 임시정부가 어렵게 되었고, 도와달라는 한국인 지인 말을 듣고 흔쾌히 위험을 무릅쓴 것이다. 당시 백범 체포를 위해 일본이 내건 현상금은 지금 가치로 치면 약 200억이었다. 조선인 중에서도 백범을 팔아 팔자를 고치려는 밀정이 난무할 수밖에 없고 중국인들도 혹할 수밖에 없는 거액이었다. 주푸청이 온갖 위험을 무릅쓰고 김구를 이토록 숨겨준 것은 조선 독립의 대의에 공감해서였다. 우리나라는 김영삼 정부 시절인 1996년에 주푸청 손자에게 건국훈장을 수여했다.

그런데 이 피난처까지 일본 경찰망이 좁혀오자 백범은 더 외진 곳으로 옮긴다. 이번에는 주푸청 큰며느리의 친정 별장이었다. 주푸청의 며느리는 임신한 몸으로 땀을 뻘뻘 흘리면서 백범을 안내했다. 이 별장에 오던 당시 심정을 백범은 이렇게 기록했다. "저씨 부인은 굽 높은 신발을 신고 7,8월 불볕더위에 손수건으로 땀을 씻으며 산 고개를 넘었다. (…) 나는 우리 일행이 이렇게 산을 넘어가는 모습을 활동사진기로 생생하게 담아 영구 기념품으로 제작하여 만대 자손에게 전해줄 마음이 간절하였다."(『백범일지』)

백범의 이런 간절한 바람에도 불구하고 이때 모습은 활동사진으로 후손 만대에 전해지지 않는다. 생생한 영상으로 남아 있지는 않아도, 독립된 대한민국에 사는 우리 모두 기억 속에 새길 일이다. 이렇게 백범이 숨은 별장이 있는 곳이 작가 위화가 항저우에서 이사 와서 자란 곳이자, 전문적으로 이를 뽑는 발치사拔齒師를 했던 곳이고, 책만 보면서 사는 사람이 부러워서 발치사를 그만두고 작가가 되겠다고 결심한 곳이다.

행복은 기쁨의 강도가 아니라 빈도다

삶이란 어느 순간 더없이 지루할 정도로 변화 없고, 평온한 나날의 반복일 수 있다. 하지만 긴 인생을 살다보면 늘 견고하고, 늘 평온한 삶이란 없다. 삶이 어떤 고정된 원리에 따라 전개되는 게 아니어서 그렇다. 때로는 갑자기 한순간에 삶이 부서지고 무너지기도 한다. 물론 이런 일 없이 참으로 복된 삶을 누릴 수도 있다. 하지만 누구에게나 어느 한순간에 우연히, 그리고 갑작스럽게 삶이 무너지는 순간을 맞을 가능성은 늘 있다. 그게 삶이다. 여행 잘 다녀오겠다고, 친구들과 잘 놀고 오겠다면서 아침에 나선 가족이 영영 돌아오지 못할 줄 누가 생각이나 했겠는가. 참으로 느닷없고 터무니없는 비극이 닥치면 보통 이런 생각을 하는 게 인지상정이다. 내게 왜 이런 어처구니없는 일이 일어난단 말인가? 나보다 내 가족보다 더 나쁜 사람도 잘만 살고, 나보다 나쁜 짓 하는 사람도 많은데 내가 무얼 잘못했다고 하늘이 내게 이런 힘든 시간과 시련을 주는가? 억울해서 신이나 운명을 원망하게 된다.

그런데 이런 보통 사람의 마음과는 다른 마음으로 자기 삶에 불쑥불쑥 강림하는 고난과 불행을 대하는 사람이 있다. 난데없이 닥친 불행 앞에서도 원망 없이 삶을 대하는 사람이 있다. 위화 소설 『인생』에 나오는 주인공이다. 이름은 푸구이, 한자음으로 읽으면 부귀富貴다. 부귀영화를 누리라는 소망을 담아서 이런 이름을 지었을 것이다. 그런데 그의 삶은 이름과 정반대다. 부유함도 잃고 귀함도 잃어가는 삶을 산다. 원래는 부잣집 도련님이었다. 소설에서 그의 아버지는 그에게 집안 내력을 이렇게 말한다. 우리 집 조상은 원래 병아리에 지나지 않았는데, 병아리를 닭으로 키우고, 닭이 자라서 거위가 되고, 거위가 자라서 양이 되고, 양이 자라서 소가 되면서 이렇게 잘살게 되었다고. 누구나 어느 집이든 시간이 흐를수록 잘되길 바란다. 이 집안은 그런 소망대로 덧셈과 곱셈의 연속으로 부자가 되었다. 그런데 아들이 노름하는 바람에 큰집도 날리고 그 많던 재산도 사라진다. 아들에 이르러 이 집안의 운명은 이제 뺄셈과 나눗셈 트랙으로 접어든다. 역사는 진보할지 몰라도 그의 가정은 몰락한다.

소설에서 주인공은 아버지, 어머니를 포함하여 아내, 딸, 아들, 사위, 손자 등 가족 일곱명을 모두 잃는다. 아버지, 어머니야 나이가 들었으니까 그렇다고 처도, 다른 가족은 늘어서 생을 마친 경우가 아니다. 아들은 어처구니없이 죽는다. 우리 나라 행정구역으로 구나 군에 해당하는 현縣의 현장 부인이 출산하는 데 피가 필요했다. 교장은 5학년 학생을 모아놓고 병원에 가서 헌혈하라고 한다. 달리기를 잘하는 주인공 푸구이 아들이 제일 먼저 병원에 도착해서 헌혈했다. 그런데 피를 너무 많이 뽑아서 죽는다.

화불단행禍不單行, 재난은 홀로 오지 않는다는 중국 속담이 있다. 이 집안이 겪은 재난이 속담 그대로였다. 아들이 죽은 그 병실에서 이번에는 딸이 죽는다. 딸은 어릴 때 열병을 앓은 뒤로 소리를 듣지 못하는 장애를 지녔다. 나중에 노동자인 사내와 결혼하여 동네 사람의 부러움을 사기도 했는데, 출산하다가 피를 너무 많이 쏟아서 죽는다. 그뒤 노동자인 사위는 콘크리트판에 깔려서 역시 아들, 딸이 죽은 그 병원에서 죽는다. 주인공은 그 병원 영안실에서 세번이나 가족이 누워 있는 걸 본다. 기구한 운명이다. 손주는 주인공인 할아버지 때문에 죽는다. 손주는 그가 삶아준 "콩을 먹다가 배가 터져서 죽"는다. 가난해서 제대로 먹지 못하다가 한꺼번에 너무 많이 먹은 것이다. 손주도 어이없이 기막히게 죽었다.

여기에 더해서 그의 아내도 몸이 점점 굽는 병을 앓다가 죽는다.

주인공은 병아리가 닭이 되고, 거위가 되고, 양이 되고, 소가 되는 인생을 소망하면서 평생을 살았다. 내일은 더 나을 것이라는 꿈을 안고 살았다. 하지만 주인공의 삶은 그 반대였다. 삶이 덧셈은커녕 뺄셈과 나눗셈의 연속이었다. 불행과 비극은 모습을 달리하면서 불쑥불쑥 그의 가족에게 들이닥쳤고, 그는 잇달아 가족을 잃었다.

소설은 이렇게 반복적으로 일어나는 가족의 비극적 죽음을 다루지만, 이 소설의 핵심은 이런 비극의 반복을 통해 삶의 고난을 드러내는 데 있지 않다. 반복되는 가족의 비극과 죽음을 중국 정치 비극과 바로 연결해 평범한 중국인의 삶을 앗아간 정치적 타살이라는 차원에서 다루지도 않는다. 물론 이 소설을 각색한 장이머우 감독의 영화 「인생」은 가족의 죽음을 그렇게 다룬다. 딸의 죽음을 문화대혁명과 연결하고, 아들의 죽음을 대약진운동과 연결하여 둘의 죽음을 사회주의 중국의 비극적 역사를 상징하는 죽음으로 다룬다. 영화에서 딸은 홍위병이 접수한 병원에 의사가 없어서 출혈로 죽고, 아들은 대약진운동 때 쇠를 제련하느라 밤새 잠을 제대로 자지 못해서 학교 담장 밑에서 잠을 자다가, 역시 잠을 제대로 자지 못한 현장이 졸음운전 하다가 담장을 들이받는 바람에 무너진 담장에 깔려서 죽는다. 영화는 이렇게 아들과 딸이 결국은 정치적 재난의 희생자라는 걸 부각한다.

하지만 소설에서 위화는 이들의 죽음을 그렇게 다루지 않는다. 여기에 위화 소설의 개성이 있다. 위화가 이 소설을 쓴 진정한 의도이자 이 소설만의 고유한 개성은 그런 반복적 비극과 고난을 대하는 주인공의 태도에 있다. 사랑하는 가족 하나를 잃어도 세상을 다 잃은 것처럼 슬프고 원망스럽다. 더구나 어처구니없이 가족을 잃으면 세상을 한없이 원망하는 게 보통 사람의 마음이다. 때로는 자신이 무엇을 얼마나 잘못해서 이런 시련을 겪는지 자책하기도 한다. 젊은 시절 한때 노름했다고, 불효했다고 하늘이 내게 이렇게 모진 시련을 내리는가! 하지만 나보다 더 나쁜 짓을 한 사람도 잘만 살고, 그 집 가족은 다들 잘사는데 왜 나한테, 우리 가족에게 이렇게 가혹한 시련이, 그것도 한번도 아니고 잇달아 반복되는지 화가 나고 원망스러울 수 있다. 이게 인지상정이다.

그런데 소설에서 주인공은 이런 보통 사람의 마음으로 그런 비극과 고난을 대하지 않는다. 원망이 없다. 원한 서린 말 한마디 없다. 어떻게 이게 가능할까? 살다가 문득 고난과 비극에 직면할 때, 그것을 대하는 슬기로운 삶의 지혜를 간접 체험하는 차원에서 주인공의 마음과 그의 삶을 복기해보자. 언제 닥칠지 모르는 인생의 뺄셈의 시간, 불행과 고난의 시간에 대처하는 면역력을 키우기 위해 주인공의 인생을 복기하면서, 그의 인생 대차대조표를 들여다보자.

삶에서 소중한 가족을 잃는 것보다도 더 큰 슬픔은 없으니까, 반복적으로 가족을 잃은 그의 삶은 시련과 고난의 연속인 게 맞다. 그런데 그의 인생에 이런 큰 뺄셈만 있었던 것은 아니다. 뺄셈 사이사이에 덧셈도 있었다. 좋은 아내를 맞았고, 두 아이가 태어났다. 전쟁터에 끌려갔지만 술 먹고 잠든 바람에 살아서 돌아와 가족과 재회하기도 했다. 딸이 소리를 듣지 못하게 되었지만, 착한 사위를 맞기도 했다. 딸이 아이를 낳다가 죽었지만, 귀여운 손주를 남겨주어 한동안 손주 재롱에 즐거웠다. 크게 보면 뺄셈의 연속이지만 그 중간에 덧셈도 있었다. 물론 뺄셈은 컸고, 덧셈은 작았다. 그래서 늘 적자였다. 삶은 결국 고난으로 귀결되었다. 이렇게 보면 그의 삶은 불행했다. 하지만 행복학 전문가들이 말하지 않는가? 행복은 기쁨의 강도가 아니라 빈도라고, 인생의 행복을 위해서는 한두차례 큰 행복을 겪는 것보다는 크기는 작아도 작은 행복을 여러번 겪는 게 더 낫다고! 주인공은 큰 불행을 겪었지만 삶의 순간순간 작은 행복도 많았다. 그런 작은 순간순간의 행복에 즐거워하고 그것을 즐겼다. 이런 그의 삶의 태도야말로 행복론 교과서에서 말하는 행복 찾기의 전형적인 예다. 그는 반복된 고난 속에서도 순간순간 삶의 작은 행복에 기뻐하고, 그 행복의 순간을 기억하면서 고난과 불행을 견뎠다.

운명을 친구로 삼는 삶의 철학

그런데 소설에는 이런 행복학 교과서 차원만이 아니라 고난과 불행을 대하는 더 중요하고 근본적인 주인공의 태도가 들어 있다. 원망 없이 비극의 삶을 대할 수 있는 주인공만의 사고방식이 있다. 이런 주인공의 사고방식은 중국의 많은 독자가, 심지어 작가 위화조차도 주인공을 진정한 중국인의 상징이라고 꼽는 이유이기도 하다. 그것은 중국인이 삶을 대하는 태도나 사고방식, 즉 삶의 철학이나 인생관과 관련되어 있다. 예고 없이 언제 삶에 닥칠지도 모르는 불행이나 절망에 대응하는 마음의 힘을 키우기 위해서 그 삶의 철학으로 들어가보자.

중국인의 삶의 철학을 가장 잘 압축하여 보여주는 고사성어가 있다. 우리가 잘 아는 새옹지마塞翁之馬란 말이다. 내용은 이렇다. 어느날 뜻밖에 생긴 말이 행운을 가져오기도 하고 불행을 가져오기도 한다. 우연히 말이 생긴 것은 행운. 그 말을 타다가 아들이 다친 것은 불행. 그런데 아들이 다쳐서 전쟁터에 나가지 않게 되었으니까 이건 또 행운이다. 인생이란 이렇게 행운과 불행이 교차한다. 인생에서 좋기만 한 일도 없고, 나쁘기만 한 일도 없다. 그것은 마치 달과 같다. 달의 밝은 면과 어두운 면처럼 행운과 불행은 늘 인생이란 하나의 원에 같이 있고, 다만 어느 순간 밝은 면이 커지기도 하고 어두운 면이 커지기도 할 뿐이다. 더구나 그런 행운과 불행은 내가 좌우하는 것이 아니다. 운명처럼 행운과 불행이 오고 간다. 그러니 인생의 행운에 자만하거나 도취하지 말 것이며, 불행에 좌절하거나 낙망하지 말라는 게 새옹지마 고사의 교훈이다. 중국인이 때로는 운명론자이고 때로는 비극 앞에서도 낙관과 웃음을 잃지 않는 것은 이 때문이다.

소설 속 주인공 푸구이가 삶을 대하는 태도가 이렇다. 소설의 배경이 중국 현대사인 까닭에 사회주의 초기에 잇달아 일어난 정치적 혼란과 재난이 이들 죽음과 전혀 관계가 없는 건 아니다. 하지만 소설에서는 그런 정치적 재난을 인간의 운명적 차원의 재난으로 처리한다. 소설에서 주인공은 가족 셋을 같은 병원에서 잃은 뒤 이렇게 말한다. "아무래도 우리 서씨 집안의 사람은 운명이 곤궁한 게야." 가족의 어처구니없는 죽음을 명이 짧은 서씨 집안의 운명 탓으로 돌린다. 주인공은 원래 운명론자다. "소가 할 일은 밭을 가는 것이고, 개가 할 일은 집을 지키는 일"이라고 생각한다. 소가 소의 운명을 타고나듯이 사람도 자기 운명을 타고난다. 주인공이 겪은 비극과 고난도 운명이다. 주인공은 이런 생각으로 자신이 겪은 고난을 대하는 까닭에 원망이 없다. 어쩔 수 없는 운명인데 원망한들 무엇할 것인가. 거부할 수도, 도피할 수도 없다면 받아들이고 그 안에서 사는 방법을 모색하는 게 현명한 삶의 지혜라는 생각이다.

작가 위화는 이 소설이 한 개인의 자기 운명과의 우정을 다룬 이야기이며, 이 우정은 사람에게 가장 감동을 주는 우정이라고 말한다. 운명을 친구 삼아 운명과 우정을 쌓아가면서 사는 삶에 원망이 끼어들 틈은 없다. 운명과 함께 삶의 길을 가는 수밖에 없다. 그런데 위화는 여기에 또 하나의 삶의 철학을 더한다. 그는 사람은 살아가는 것 자체를 위해서 살아가는 것이지, 살아가는 것 말고 다른 어떤 것을 위해서 살아가는 것이 아니라고 말한다. 살아가는 것이, 생존하는 것이 삶의 목표이고, 인간의 삶에서 제일 중요하다는 것이다. 이런 인생철학은 어떤 가치를 위해 목숨조차 기꺼이 던지면서 사는 삶과는 다르다. 이게 평범한 중국인의 삶의 철학이라고 위화는 말한다.

물처럼 바위를 넘고, 풀처럼 바람을 견디고

위화 소설에는 그런 중국인의 삶의 철학을 지닌 또다른 인물이 등장한다. 『허삼관 매혈기』(1996)의 주인공 허삼관이다(한국어 번역본을 따라 소설 속 인물 이름은 한자음으로 표기한다). 역시 항저우 인근에 산다. 소설 제목처럼 그는 매혈賣血, 즉 자기 몸의 피를 뽑아 팔면서 삶을 버틴다. 이 소설을 처음 읽을 때 아득한 기억 하나가 떠올랐다. 오래된 여름날 새벽의 기억이다. 밤차를 타고 밤새 달려와서 새벽에 청량리역에서 내렸다. 어디를 다녀오던 길이었는지는 기억나지 않는다. 버스도 아직 다니지 않는 새벽에 걸어서 하숙집으로 가는데, 한 병원 앞에 사람들이 길게 줄을 서 있었다. 이른 새벽에 병원 앞에 그렇게 긴 줄을 서 있는 것도 이상한데, 더 이상한 것은 줄 선 사람들 행색이었다. 청량리역 부근에서 쉽게 볼 수 있는 노숙자들인 듯싶었다. 무료 급식소도 아닌 병원에 그들이 줄을 서 있는 이유를 나중에야 알았다. 그 병원은 피를 사는 전문 병원이었다. 피를 팔아서 하루하루를 사는 노숙자들이 피를 팔기 위해 줄 서 있었던 것이다. 그 당시에 피를 사고파는 게 합법이었는지 아니었지는 모르겠다. 그 시절 청량리역 한쪽에서는 삶의 막장에 몰린 사내들이 피를 팔아 하루하루를 살았고, 청량리역 다른 한쪽에서는 역시 삶의 막장에 몰린 여자들이 몸을 팔아 하루하루를 살았다. 피를 팔고 몸을 팔아 힘든 삶을 버티고 지탱하며 살았던 것이다.

그런데 허삼관은 삶의 막장에 몰리지 않았는데도 자기 피를 판다. 절반은 피를 팔 정도로 건강하다는 걸 증명하기 위해서, 절반은 호기심에서 피를 판다. 생사공장 노동자인 허삼관은 피를 안 팔아본 사람은 다 몸이 부실하고, 몸이 튼튼한 사람은 모두 피를 팔며, 몸속 피는 우물물 같아서 퍼내지 않으면 많아지지 않는다는 말을 듣고서는 처음 피를 판다. 피를 팔아서 번 큰돈으로 동네에서 예쁘기로 소문난 여자와 결혼도 한다.

그런데 이렇게 '예능'으로 피를 팔던 허삼관에게 점점 피 파는 일이 '다큐'가 된다. 자기와 바람을 피운 여성이 다리가 부러지자, 치료에 좋다는 뼈다귀와 대두를 사주기 위해서 피를 팔기도 하지만, 갈수록 삶의 고난과 막장에 몰려서 어쩔 수 없이 피를 팔게 된다. 그가 피를 팔게 되는 고난은 우선 정치적 사건으로 일어난다. 마오쩌둥이 이끄는 중국공산당은 1958년 대약진운동을 시작한다. 대약진운동은 말 그대로 크게 약진하자는 것, 도약하자는 것이다. 약진의 목표는 무엇인가? 15년 안에 철강 생산량에서 영국을 따라잡고 미국을 추월하는 것(赶英超美)이 목표다. 공업을 발전시키기 위해 그 토대인 철강 생산에 온 국민을 동원하는 정치운동을 벌인 것이다. 우스꽝스럽고 어처구니없는 일이 전국에서 벌어졌다. 집에 있는 모든 쇠붙이를 다 수거하고, 마을에 쇠를 녹이는 고로(高爐)를 만들었다. 어엿한 제련소에서 해도 어려운 일을 시골 사람들이 동네에서 철을 제련한 것이다. 솥을 공출해갔으니 동네 사람은 모두 공동식당에 모여서 밥을 먹었다. 철이 제대로 만들어질 리가 없고, 원래 구호대로 크게 약진하기는커녕 크게 후퇴했다. 불행은 겹쳐서 온다고 이런 정치적 재난이라는 인재에 자연재해가 이어졌다. 가뭄과 폭우 같은 자연재난이 몰려왔다. 1959년부터 1961년 사이 굶어 죽는 사람이 속출했다. 이른바 기아의 3년이다. 이 기간 얼마나 죽었을까? 정확한 통계가 없지만 대략 작게는 2천만명에서, 많게는 4천만명이 죽었다. 1961년 중국 인구가 6억 5,900만 명이었으니까, 끔찍한 숫자다. 물론 서구에서는 더 많이 죽었다고 본다. 그 많은 사람 대부분이 굶어 죽었다.

허삼관 가족도 이런 시기에 57일 동안 옥수수죽 하나로 연명한다. 옥수수죽은 갈수록 묽어지고 허기를 채우기에 턱없이 모자란다. 굶주리다 못해 허삼관은 가족에게 정신승리법 요리를 해준다. 침대에 나란히 누워서 아이들 주문에 따라 말로 홍소육紅燒肉(홍사오러우)을 만든다. 허삼관이 홍소육 레시피를 말하고, 배고픔을 참으면서 이야기를 듣는 아이들의 입에는 침이 고인다. "자 우선 고기를 끓는 물 속에 넣고 익히는데, 이때 너무 익히면 안 돼요. 고기가 익으면 꺼내서 식힌 다음 기름에 한번 볶아서 간장을 넣고, 오향을 뿌리고, 황주를 살짝 넣고, 다시 물을 넣은 다음 약한 불로 천천히 곤다 이거야. 두시간 정도 고아서 물이 거의 졸았을 때쯤…… 자, 홍소육 다 됐습니다."

홍소육은 삼겹살로 만드는 대표적인 중국 가정 요리 가운데 하나다. 일종의 삼겹살찜이다. 오랫동안 졸여서 색이 반짝반짝 윤이 나고, 살코기 부분은 부드럽고, 비계 부분은 기름이 빠져서 부드러우면서도 느끼하지 않다. 마오쩌둥이 좋

삼겹살로 만드는 중국 가정 요리 홍소육(훙사오러우)

아한 요리여서, 마오의 생가가 있는 동네에 가면 온통 홍소육 간판이 걸려 있다. 이렇게 상상 속에서 정신승리의 방법으로 고난에 대처하면서 버텨보지만, 그렇다고 배가 채워질 리 없다. 결국 허삼관은 피를 판다. 허삼관 부인 허옥란은 남편이 57일간 옥수수죽만 먹은 몸으로 생명의 위험을 무릅쓰고 피를 팔아서 벌어온 30위안을 손에 쥔 채 속으로 말한다. '이 고생은 언제야 끝이 나나.'

허삼관은 모두 11번 피를 판다. 그중에서 이렇게 중국의 정치적 재난과 관련되어 피를 파는 건 대약진운동 때 말고도 두번 더 있다. 한번은 마오 주석의 교시에 따라 공부를 그만두고 농촌으로 간 큰아들 일락이가 병이 나서 피를 팔았다. 또 한번은 둘째 이락이도 그렇게 농촌으로 가서 공동 농장인 인민공사에서 일했는데, 그곳 절대 권력자인 생산대 대장이 집에 찾아온다. 그를 대접할 돈이 없는데, 어쩌겠는가? 피 판 돈으로 그에게 비싼 고량주와 담배를 대접한다. 그야말로 백성의 고혈을 빨아먹는 간부다.

허삼관이 피를 파는 주요한 이유는 정치적 재난이지만, 그는 결국 자식과 가족을 위해서 피를 판다. 큰아들 일락이가 병이 나서 생명이 위험해지자 열흘 사이에 피를 네번이나 판다. 더 피를 빼면 목숨이 위험한 극한 상황인데도 병원비를 마련하기 위해서 피를 판다. 허삼관은 처음에는 건강하다는 걸 뽐내기 위해서 피를 팔았다. 그런데 갈수록 고난의 삶에 대처할 다른 방도가 없자 피를 팔아서 가족을 지킨다. 허삼관은 어리숙하고 바보스럽다. 단순하다. 삶을 복잡하게 생각하지 않는다. 그는 고난이 어디서 기원하는지, 고난이 왜 그의 삶에 닥치는지를 묻지 않는다. 살아가는 일이란 어차피 힘들다고 여긴다. 인생은 원래 편하고 행복해야 한다고 생각하지 않는다. 소설 『인생』에서 푸구이가 그런 것처럼 소설 『허삼관 매혈기』에서 허삼관도 삶의 고난을 삶의 기본 조건이자 운명으로 생각한다. 그래서 힘든 삶이지만, 분노나 원망이 없다. 고난을 그저 견디고 받아낸다. 질기도록 견뎌낸다.

푸구이와 허삼관은 스스로가 물이 되고, 풀이 되어 삶의 고난에 대응한다. 물은 자신이 흘러갈 길을 막는 바위를 원망하지 않는다. 풀은 자신을 흔드는 바람을 원망하지 않는다. 물이 가는 길에는 늘 바위가 있고, 풀의 삶에는 늘 바람이 있다. 바위가 물의 길을 막으면 물은 일단 그 자리에 멈추어 바위를 넘을 정도로 물을 채우고는 다시 흘러간다. 막아선 바위가 더없이 크고 단단하다면 돌아서 길을 간다. 물은 기어이 흘러야 물이고, 물에게는 기어이 흘러가야 할 곳이 있어서 그렇다. 그리하여 물은 끝내 길을 막은 바위를 이긴다. 여리고 부드러운 물이 단단하고 강한 바위를 이긴다. 물의 삶의 철학이다.

풀의 운명은 바람과 함께 사는 일이다. 바람 한점 없는 날이 얼마일 것인가. 풀은 늘 바람을 맞는다. 그런데 풀은 바람에 맞서지 않는다. 바람이 불면 바람을 따라 눕는다. 그래서 거센 바람에도 뿌리가 뽑히지 않는다. 잎은 거친 바람에 상처가 생기고 찢기더라도 뿌리는 남는다. 그렇게 몸을 누인 채 바람을 견디다가 바람이 약해지면 다시 일어난다. 약하고 부드러운 풀이 거센 바람 속에서 생존하여 결국 바람을 이기는 방법이다. 바람에 뿌리가 뽑히지 않고 뿌리를 보존하는 방법이다. 뿌리가 뽑히지 않는 한, 상처 난 잎은 언젠가는 회복될 것이다. 풀의 삶의 철학이다.

비굴한가? 수동적이고 나약한 처세술인가? 구차한가? 그렇게 볼 수도 있다. 하지만 물과 풀은 그렇게 생각하지 않는다. 물은 기어이 갈 곳이 있고, 기어이 가려는 의지가 있어서 바위 앞에서 물이 차기를 기다리거나 돌아서 간다. 풀은 기어이 대지에 뿌리를 내리려는 의지가 있어서 바람에 기꺼이 몸을 눕힌다. 겉은 수동적으로 보이지만 속은 지극히 능동적인 처세술이다. 단기적으로는 나약하지만, 장기적으로는 굳센 생존술이다. 유연하고도 질긴 생존 철학이다. 이것이 작가 위화가 푸구이와 허삼관을 통해 보여주는 인생철학의 핵심이다.

중국 민중은 늘 힘없고 약한 사람들이었다. 유약자의 생존법은 물 같고 풀 같아야 한다는 것을, 물이나 풀처럼 부드럽고 유연하고 견뎌내고 질겨야 한다는 것을 그들은 숱한 고난의 삶 속에서 터득했다. 그래야 생존할 수 있고, 그래야만 온갖 재난을 이기고 마침내 승리자가 된다는 삶의 지혜를 경험으로 터득했다. 중국 문명에는 유일신이 없다. 독특한 문명이다. 그들에게는 오랜 시간 살아온 삶의 경험이야말로 믿고 의지할 신이다. 유약자의 생존법을 중국 민중보다 더 잘 체득한 사람은 없다. 중국은 재난의 나라다. 강이 범람하거나 지진과 폭우, 폭설, 폭염 같은 숱한 자연재해가 일어났다. 전 세계 지진 가운데 4분의 1이 중국에서 일어났다는 통계도 있다. 그뿐만 아니라 큰 나라답게 수많은 정치적 재난도 일어났다. 그런 고난 속에서 밑바닥 사람들이 살았다. 그래서 중국인을 상징하는 한자는 두개의 '인'이다. 하나는 참고 견디는 '참을 인^{忍}'이고, 하나는 질기게 버티는 '질길 인^{韌}'이다. 중국 민중은 유약자의 삶의 철학과 생존법을 따르고 지켜왔다. 노자의 철학이 삶의 철학이라는 차원에서 중국의 약자들에게 끊임없이 힘을 주는 것도 이런 맥락이다.

아마도 부산에서 박주영 판사가 노숙인 범법자에게 위화 소설을 선물한 것도 소설에서처럼 고난의 삶을 대하는 주인공의 태도를 권하고 싶어서였을 것이다. 사는 것 자체가 제일 위대한 일이니, 삶을 원망하지 말고 어떤 바람도 이겨내는 풀의 생존 지혜를 터득하길 바랐을 것이다.

불평등한 삶, 황주 한잔으로 퉁치다

소설 『허삼관 매혈기』에서 허삼관은 삶이 평등하길 바랐다. 어디 허삼관만 그런가. 힘없는 사람들, 어려운 사람들은 더욱 그렇고, 모든 사람의 마음이 원래 그렇다. 나만 이렇게 힘들면 억울하다. 그래서 다른 사람도 저마다 삶의 다른 순간에 다른 모습으로 나타나는 힘든 일을 겪는다고 생각하고 싶어 한다. 그래야 고난 앞에서 억울한 마음이 덜하다. 하지만 삶은 늘 불평등하다. 허삼관은 피를 팔아가면서 삶의 고난을 버티고 난 뒤에 인생 말년에 비로소 그것을 깨닫는다. 그리고 이렇게 한탄한다. "늦게 난 좆 털이 눈썹보다 길구나." 늦은 게 더 앞서는 그런 불평등이 억울하다. 하지만 억울해도 그것이 삶이기 때문에 살아야 한다. 허삼관은 이렇게 생각하면서 피를 판 뒤 스스로를 위로하고, 자신의 피를 다시 만들어주는 황주 한잔과 돼지간볶음 한접시, 그리고 가족을 생각하면서 삶의 불평등을 이겨낸다. 웃음을 찾는다.

이렇게 허삼관처럼 피를 팔아 삶의 고난에 대응하는 사람이 중국에만 있는 건 아니다. 오늘 우리 곁에도 있다. 다만 한국의 허삼관은 따뜻한 황주 대신 차가운 소주와 호주산 불고기를 먹는 게 다를 뿐이다. 시인 나희덕의 시 「허삼관 매혈기」를 보면 그렇다. "피를 뽑고 나서는 고깃집으로 가요/돼지간볶음과 더운 황주 대신/호주산 소불고기와 소주 한병으로 몸을 달래죠".(『가능주의자』, 문학동네 2021)

대개 삶의 무대에서 연출되는 레퍼토리는 주로 희극이고 비극은 어쩌다 가끔 등장한다고 생각한다. 하지만 반대로 생각할 수도 있다. 삶은 원래 힘들고 눈물 나는 비극이 주요 레퍼토리인데 가끔 희극이 연출된다고 생각할 수도 있다. 어느 쪽이 더 삶의 고난에 대응하는 데 힘이 될까? 쉬운 삶이란 없다. 삶은 누구에게나 저마다의 이유로 힘들다. 삶의 고난은 각기 다른 모습으로 누구에게나 있다. 단지 다른 이의 고난이 우리 눈에 쉽게 들어오지 않을 뿐이다. 인생은 고난으로, 고난 앞에서 평등하다. 삶에 닥친 고난 앞에서 힘을 내야 할 이유다. 허삼관처럼 피를 뽑아야 버틸 수 있는 현실 속에서도 술 한잔, 값싼 안주 하나로 훌훌 퉁치고, 다시 힘을 내서 살아갈 수 있는 이유다.

천하의 명소, 시후 산책

자싱을 거쳐 항저우에 왔다. 시후 호수에서 제일 가까운 곳에 숙소를 잡았다. 시후를 여러번 왔지만 이렇게 시후 가까이에 숙소를 잡기는 처음이다. 호텔이 아니라 민박집이다. 시후 호수 주변은 호텔이든 민박이든 사시사철 비싸다. 그런데 다행히 민박 예약 사이트에 빈방이, 그것도 평소보다 매우 싼 가격에 나와서 재빨리 예약한 덕분이다. 시후 민박은 호텔과 비교하면 여름에는 모기 때문에 고생하고, 겨울에는 무척 춥다. 민박집은 단교斷橋(된차오) 바로 옆이다. 예전에 월나라 왕의 별장이기도 했고 시인 소동파도 여기서 일을 보기도 했다는 전통 목조건물을 개조한 곳이다. 조금 불편하지만, 단교와 시후를, 시후의 일출과 일몰을 방 침대에서 볼 수 있는 최적의 위치다.

숙소에 짐을 풀고 가파른 돌계단을 따라 숙소 바로 위에 있는 바오스산寶石山으로 올라간다. 바오추탑保俶塔이 있는 산이다. 돌계단을 따라 20~30분 정도면 올라가는데, 경사가 무척 가파르다. 올라가다가 틈틈이 뒤를 돌아보면 그때마다 다른 모습의 시후가 발아래로 펼쳐진다. 단교와 망호루^{望湖樓}, 그리고 멀리 레이펑탑^{雷峰塔}까지 한눈에 들어온다. 이곳 숙소에 묵지 않더라도 바오스산에 올라볼 일이다. 시후를 한눈에 조망하고, 시후의 일출과 낙조를 보는 데 최적의 장소다.

천하의 명소 시후는 어떤 모습이 가장 아름다운가? 이런 말이 있다. 맑은 시후는 비올 때 시후만 못하고, 비올 때 시후는 달 뜬 때 시후만 못하고, 달 뜬 때 시후는 눈 내린 때 시후만 못하다(晴湖不如雨湖, 雨湖不如月湖, 月湖不如雪湖). 시후를 여러번 왔는데 시후의 네가지 모습 가운데 비올 때의 시후는 보지 못했다. 비가 자주 오는 습한 지역인데도 그랬다. 그런데 운이 좋게도 시후 최고 풍경이라는 눈 내린 시후를 본 적이 있다. 백두산에 두번 올라서 모두 맑은 천지를 본 것만큼이나 행운이었다. 2018년 1월 유홍준 선생님의 중국 답사팀과 같이 시후에 왔을 때였다. 귀한 한국 작가, 화가, 시인이 온 걸 환영하듯이 밤새 눈이 쏟아졌다. 세상이 밤도 잊은 채 환했다. 그날 밤늦도록 당나라 시인 백거이^{白居易} 때 쌓은 둑인 백제^{白堤}(바이디)와 송나라 시인 소동파^{蘇東坡} 때 쌓은 둑인 소제^{蘇堤}(쑤디)를 걸었다. 바이디 끝에 있는 단교는, 다리에 눈이 쌓이면 아치형 다리 상부에 쌓인 눈이 보이지 않아 다리가 끊긴 것처럼 보인다고 해서 단교라고 부른다. 시후 10경 중의 하나가 '단교 잔설^{殘雪}'이다. 단교 잔설은 당연히 눈이 내려야 볼 수 있는데, 이날 눈 쌓인 단교를 보고서야

시후의 모습 가운데 최고로 아름답다는 시후 설경

단교라고 불리는 이유를 직접 확인했다. 눈 내린 시후가 역시 최고였다. 남쪽 지역인 이곳 눈은 습설濕雪이다. 물기를 머금어 무겁다. 온종일 내린 폭설의 무게를 견디지 못한 나뭇가지가 쩍쩍 소리를 내면서 부러졌다. 시후 주변에는 오래된 활엽수가 많다. 남쪽 지방이어서 겨울에도 넓은 잎이 그대로 달린 활엽수에 눈이 쌓인 경치는 우리가 흔히 보는 잎이 진 나뭇가지에 눈이 쌓인 경치와는 다른 느낌이었다.

시후는 원래 항저우를 상징하는 강인 첸탕강錢塘江의 일부였다. 그런데 지반 침하작용이 일어나고 토사가 쌓이면서 첸탕강과 분리되었다. 최근에는 시후의 수질 관리를 위해서 다시 강과 호수를 연결했다. 수로를 내어 일정량의 물을 첸탕강에서 끌어와 섞는다고 한다. 대략 일주일에 한번씩 시후 물이 새로 교체된다. 시후 물이 예전보다 좋아졌다.

끊어진 다리처럼 보이는 단교(된차오)

시후 투어는 천천히 산책하는 게 제일이다. 시후 둘레는 15킬로미터가량이다. 시후 호수 주변과 숲을 따라 산책할 때는 주로 난산로^{南山路}에서 양궁디^{楊公堤}, 베이산로^{北山路}, 후빈로^{湖濱路}로 이어지는 코스로 걷는다. 조용한 호숫가 길에서부터 근대 건축물과 오래된 플라타너스 숲과 가로수, 그리고 뱀이 환생한 여인 백낭자와 허선의 사랑 이야기인 신화 「백사전^{白蛇傳}」의 배경인 레이펑탑을 볼 수 있다. 호수 안으로 들어가는 호심 코스로는 쑤디에서 구산로^{孤山路}를 지나 바이디를 걷는 길이다. 호수를 가르며 난 길을 따라 길옆에 늘어선 버들과 호수에 핀 연꽃을 보면서 걷는 코스다. 많은 사람이 이 길을 택한다. 내가 택한 코스는 소동파기념관에서 시작하여 쑤디를 걸은 뒤 구산을 지나 바이디를 걸어 단교까지 오는 길이다. 전체 6킬로미터 정도로 1시간쯤 거리다. 중간에 악비^岳

^{飛} 묘라든지, 『수호지』에 나오는 무송^{武松} 묘 등을 보면 시간이 마냥 길어진다. 이 코스의 매력은 구산^{孤山} 기슭에 자리한, 항저우와 시후를 대표하는 식당인 러우와이러우^{樓外樓}(루외루)에서 잠시 쉬면서 맛있는 요리를 먹는 것이다. 늘 사람들로 붐비는 러우와이러우에는 이곳을 대표하는 요리들이 있다. 소동파가 항저우에 있을 때 개발했다는 요리로 우리도 즐기는 동파육, 잉어를 튀긴 뒤 탕수 소스를 얹은 시후추이피위^{西湖脆皮魚}, 그리고 우리가 거지닭이라고 하는 닭 진흙 구이 요리인 자오화퉁지^{叫化童鷄}는 물론이다.

시후는 역대로 중국 시인이 시를 많이 지은 곳 중 하나다. 시후를 노래한 많은 시 가운데 대표작은 남송^{南宋}의 시인 임승^{林升}의 「임안의 숙소에서^{題臨安邸}」이다. 중국 초등학교 교과서에 실려 있어서 중국인이라면 누구나 아는 시다.

> 산 너머 또 푸른 산, 높은 집 너머 또 높은 집
> 서호 노래와 춤 언제 그칠까
> 따뜻한 봄바람 불어 유람객을 취하게 하고
> 참으로 항주가 개봉이구나

山外靑山樓外樓

西湖歌舞幾時休

暖風薰得游人醉

直把杭州作汴州

 시후 호숫가의 노랫소리와 춤을 보면서 나라의 운명을 걱정하는 시다. 송나라는 원래 북쪽 개봉에 있다가 여진족 금나라에 쫓겨 항저우로 내려왔다. 북송 시대가 끝나고 남송 시대가 시작된 것이다. 임승은 이 시에서 이렇게 나라가 기울어 남쪽으로 피난을 왔는데, 고관 귀족들은 망국의 위기를 잊은 채 산이 끝없이 이어지고 누각이 끝없이 이어지는 경치 좋은 시후에서 노래와 춤에 빠져 흥청거리고 있다고 비판했다. 이러다가는 항저우도 여진족에게 빼앗긴 개봉이 될 운명이라는 경고를 담았다.

시후에서 목놓아 애국가를 부른 조선 청년들

 임안은 이렇게 시를 지어 항저우의 한 객사客舍 벽에 그의 울분을 적었는데, 일제강점기 시후에 와서 배를 타고 유람하던 조선의 청년은 나라 잃은 아픔에 애국가를 불렀다. 시후 최고의 관광은 뱃놀이다. 배를 타고 호수 중앙으로 나아갈수록 세상 소음은 멀어진다. 세상이 점점 물러날수록 풍경은 더욱 풍성해진다. 달밤이면 달이 호수에 비추어 더욱 멋지다. 달밤에 시후에서 배를 타고 아름다운 경치를 즐기다가 목놓아 애국가를 부르며 울었던 조선 청년들이 있었다. 『상록수』를 쓴 작가 심훈과 그의 친구들이었다. 심훈은 3·1운동에 적극적으로 참여했고, 이로 인해 실형을 살았다. 그런 뒤 1920년 식민지 조선을 떠나 중국에 망명한다. 그는 베이징과 상하이를 거쳐 1921년 항저우에 온다. 항저우 즈장(之江)대학에 적을 두고 공부한 그는 "항저우는 나의 제2의 고향이다"라고 말할 정도로 항저우를 좋아했다. 어느날, 심훈은 항저우에 있던 조선인 친구와 함께 달이 뜬 밤에 배를 타고 시후에 나간 모양이다. 그들은 호수에서 손이 부르트도록 뱃전을 두드리면서 눈물의 애국가를 불렀다. "손바닥 부릇도록 배ㅅ전을 뚜다리며/'동해물과 백두산' 떼지어 부르다 말고/그도 나도 달빛에 눈물을 깨물엇네." 심훈이 쓴 「서호월야(西湖月夜)」의 일부다.

조국을 잃고 타국을 전전하는 청년의 마음이 얼마나 아프고, 삶이 얼마나 힘들고 답답했으면 시후 한복판에서 목놓아 애국가를 불렀을까. 시후를 상징하는 시인인 소동파는 비 갠 시후에서 술을 먹고 쓴 시에서, 시후를 미인 서시(西施)에 비유하며 짙은 화장도 옅은 화장도 다 어울린다고 했다(「飲湖上初晴後雨二首」). 그렇게 아름다운 시후도, 더구나 달빛이 내리는 시후도 조국을 잃고 타국을 떠도는 조선 청년들에게는 아무런 의미가 없었다. 그들에게 시후는 무엇보다 텅 빈 호수 위에서 마음 놓고 목놓아 애국가를 부르며 조국을 잃은 아픔을 나누고, 그 한을 노래로나마 풀 수 있는 잠시나마 숨을 쉴 수 있는 공간이었다. 그래서 심훈과 친구들은 시후에서 '손바닥이 부르트도록 뱃전을 두드리며' 애국가를 불렀다. 시후 호수 물결에는 소동파의 자취만이 아니라 나라 잃은 조선 청년의 한도 서려 있다.

시후 옆에는 또 하나의 임시정부 청사가 있다. 윤봉길 의거 이후 탄압을 피해 상하이에 있던 임정 청사가 옮겨온 것이다. 이곳에는 사무실 바로 옆에 임정 인사 가족들이 살았던 공간도 있다. 임정 인사들의 사무 공간만 볼 때와, 가족의 주거 공간을 볼 때의 느낌이 다르다. 독립운동을 하는 아버지와 남편을 따라 낯선 중국 땅에서 이리저리 쫓겨 다닌 가족들의 힘겨운 삶이 느껴진다. 고난 속에 중국을 떠돌던 그들도 자신들의 고난을 푸구이나 허삼관처럼 삶의 한 형식으로 받아들였을까? 그들 아버지와 남편처럼 아내와 자식도 애국과 독립이라는 대의명분 속에서 인내하면서 견뎠을까? 아니면 그런 운명을 한탄했을까? 홀로 걷는 시후 산책길, 걸음이 무겁다.

하얼빈

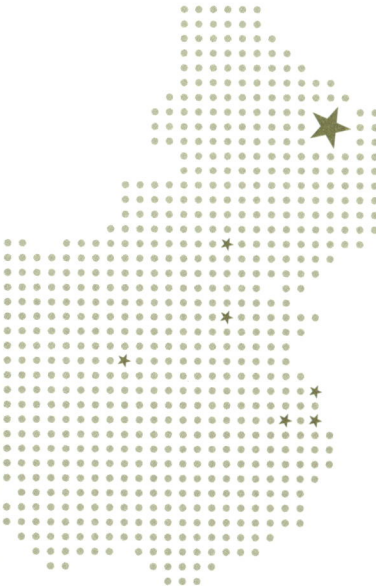

**의로움을 위해
산다는 것**

궈바오러우는 하얼빈이 원조다

여름에 하얼빈哈爾濱에 온 게 처음은 아니다. 그런데도 늘 여름 하얼빈은 낯설다. 중국 시인 쉬즈모徐志摩는 시에서 "북방의 겨울이라야 겨울"(「北方的冬天是冬天」)이라고 했는데, 내게 하얼빈은 겨울 하얼빈이라야 하얼빈이다. 처음 하얼빈에 간 게 겨울이고, 그 첫인상이 워낙 강렬해서 그렇다. 겨울만이 아니라 중국어 발음도 역시 북방지역이 표준이다. 그래서 학생들 중국어 연수를 위해서 하얼빈을 선택했다. 명문 하얼빈공과대학하고 협정을 맺고 하얼빈에 처음 왔다. 온통 눈 세상, 얼음 세상이었다. 길거리 좌판에서는 아이스바를 그냥 내놓고 팔았다. 길거리 자체가 냉동고였다. 어학연수생 인솔 교수는 오전에는 할 일이 없다. 학생들이 수업을 마치면 선생의 시간이 시작된다. 학생들을 데리고 술집으로 간다. 그게 하얼빈에서는 오후 3시다. 겨울 하얼빈은 낮이 짧다. 오후 3시면 어두워진다. 밤이 길어서 좋다는 학생들을 데리고 하얼빈공대 구내에 있는 조그만 식당으로 가곤 했다. 거기서 궈바오러우鍋包肉를 처음 만났다.

궈바오러우는 하얼빈이 원조다. 지금은 우리나라에서도 먹을 수 있지만, 2000년대 초만 하더라도 아니었다. 일부러 넓게 만든 탕수육인 줄 알았다. 그런데 탕수육보다 더 쫄깃하고 더 바삭했다. 탕수육을 좋아하는 사람이라면, 좋아하지 않을 수 없는 맛이었다. 이런 궈바오러우를 개발한 가게가 하얼빈에 있는 라오추자老廚家다. 고참 요리사의 집이란 뜻이다. 1907년에 문을 연 집이다. 이번에는 혼자 이 집에서 원조 궈바오러우 맛을 볼 생각이다. 하얼빈 시내에 분점이 여덟군데 있는데, 본점에 왔다. 원래 청나라 때 하얼빈 지역을 담당하는 지방 관리, 우리로 치면 도지사 관사의 주방에서 요리사로 일하던 사람이 창업한 가게다. 지금이 4대째란다. 가게에는 이 집에서 개발한 여러 요리를 전시하는 문화관도 있다. 식당이 예스럽고 고급스럽다. 실내 디자인이 근대 초기 모습이다. 궈바오러우를 먹겠다고 했더니, 종업원이 혼자니까 작은 걸 시키란다. 작은 건 대략 12조각 나오는데, 그것도 많을 거란다. 과연 푸짐했고, 이름값을 했다. 양이 많은데도 다 먹었다. 씹을 때 고기 튀김이 아니라 과자를 먹는 것처

'하피'라는 하얼빈 맥주와 먹어야 제격인 원조 궈바오러우

럼 바삭바삭 소리가 난다. 새콤달콤, 바삭바삭, 쫄깃쫄깃하다. 이런 궈바오러우를 먹다보면 하얼빈 사람들이 '하피^{哈啤}'라고 부르는 하얼빈 맥주가 저절로 당긴다. 우리나라에서는 양꼬치에 칭다오 맥주, 칭다오에서는 바지락볶음에 맥주라면, 하얼빈에서는 궈바오러우에 하피다. 하얼빈 맥주는 중국 최초 맥주다. 1903년에 설립된 칭다오 맥주 회사보다 더 이른 1900년에 러시아 사람이 공장을 세웠다.

연어와 노루궁뎅이버섯을 조려서 내놓는 마상펑허우^{馬上封侯}도 이 집 대표 요리다. 하얼빈을 책임지던 관리가 베이징으로 떠날 때, 관저 주방장이 모든 일이 잘 이루어지고 더욱 출세하라고 기원하면서 만들어준 요리여서 이런 이름이 붙었다. 약간 비싸고, 입맛에 따라서는 호불호가 있을 수 있겠다. 조금 짭짤해서 입가심을 위해 이 집 대표 디저트를 주문했다. 기름에 튀긴 아이스바다. 이름이 유자빙군, 한자로 유작빙곤油炸氷棍이다. 큰 새우튀김만 한 크기다. 노랗다. 한입 물자 바삭한 식감이 느껴지는 것과 동시에 달콤하고 부드러운 바닐라 크림이 입안에 쏟아진다. 아이스크림에 반죽을 입혀서 튀긴 거였다. 재밌는 요리다.

하얼빈 사람들은 아이스크림을 요리로 만들 정도로 아이스크림에 진심이다. 하얼빈 중심가인 중앙다제中央大街를 걷는 사람들 10명 중 7명은 손에 아이스크림을 들고 있다. 어떤 이는 아이스바를 들고 있고, 어떤 이는 팔뚝만큼 큰 굴뚝빵 아이스크림을 들고 있다. 굴뚝 모양으로 둥글둥글 쌓은 빵 속에 아이스크림을 가득 채웠다. 한끼 식사가 될 정도로 큼직하다. 하얼빈 사람들은 물론이고, 하얼빈에 온 관광객들도 여름이든 겨울이든 아이스크림에 진심이다.

그런데 아이스바는 모두 한 브랜드다. 마데얼馬迭爾 아이스바다. 이름이 희한하다. 마데얼이라는 이름은 모던modern의 프랑스어 발음을 중국어로 음역한 것이다. 원래는 고유 브랜드 이름이었는데, 이제 하얼빈 아이스크림의 보통명사가 되었다. 이 아이스크림을 하얼빈에서 처음 만들어 판 곳이 같은 이름의 호텔이다. 1906년에 러시아 국적 유태인이 세운 호텔이다. 우리말로 '모데른 호텔'이라고 부른 이 호텔은 우리 근대 문학에도 자주 등장한다. 근대 우리 지식인과 예술인이 하얼빈에 가면 꼭 묵거나 들렀던 호텔이다.

유럽적인 국제도시 하얼빈의 애수

요즘 한국인에게 하얼빈은 안중근의 도시다. 그런데 1930년대 한국인에게 하얼빈은 유럽을 느낄 수 있는 국제도시였다. 동양의 모스크바, 동양의 파리라고 불렀다. 50개 이상의 민족집단이 있었고, 45개 언어가 사용되는 국제도시가 하얼빈이었다. 중국 식민시대 국제도시로 남쪽에 상하이가 있었다면 북쪽에는 하얼빈이 있었다. 상하이와 하얼빈 모두 식민 역사가 만든 국제도시다. 그런데 두 도시의 개성이 달랐다. 상하이는 미국과 영국, 프랑스가 제국의 위용을 자랑하던 도시였다. 하얼빈은 러시아와 북유럽의 색채가 강하다. 처음 하얼빈에 온 러시아인은 대륙횡단철도를 건설하기 위해서 왔고, 그뒤에는 사회주의 국가가 된 러시아를 피해서 망명을 왔다. 이른바 붉은 혁명에 반대하여 철도를 따라 하얼빈에 온 백러시아계 사람들이었다. 많은 러시아 망명 예술인이 하얼빈으로 흘러들었고, 그래서 하얼빈은 예술적 분위기가 넘치는 도시가 되었다. 동아시아 최고 수준의 하얼빈 교향악단이 있을 정도였고, 러시아 출신 예술가들이 하얼빈에 모이면서 하얼빈은 국제적인 수준의 문화도시가 되었다. 일제강점기에 많은 조선의 작가와 지식인이 이런 하얼빈의 매력에 이끌렸다.

「메밀꽃 필 무렵」의 작가 이효석이 1939년 여름과 1940년 초에 하얼빈을 두차례 여행하고 하얼빈을 배경으로 소설을 쓸 정도로 하얼빈의 매력에 빠진 것도 유럽에 가지 않고도 유럽의 전통과 문화를 이곳에서 체험할 수 있었기 때문이었다. "동양에 살고 있어도 구라파를 호흡하고 있는"(이효석 『화분』, 1939) 매력적인 곳이었다. 평양에서 아침에 기차를 타면 다음 날 하얼빈에 도착하여 유럽의 색채를 느낄 수 있었다. 당시 하얼빈에서 가장 고급 백화점이었던 러시아인이 세운 추린秋林백화점은 조선인에게 '구라파 문명의 진열장'으로 불렸다.

그런데 그런 유럽적인 국제도시 하얼빈은 1940년을 전후하여 그 색깔을 잃는다. 일본이 1932년 만주국을 수립하고, 러시아가 관할하던 철도가 1935년 일본이 세운 만주국에 매각되면서, 하얼빈에서 러시아 사회가 위축되고 일본 물결이 밀려든다. 국제도시 상하이가 일본에 점령되면서 기운 것과 비슷하다. 이효석의 단편소설「합이빈」(1940, 합이빈은 하얼빈의 한 자음)에는 일본의 물결이 밀려들며 국제도시 하얼빈이 기울어가는 데서 느끼는 쓸쓸함과 상실감, 과거 하얼빈에 대한 노스텔지어가 가득하다.

하얼빈의 랜드마크이자 국내외 귀빈이 묵었던 마데얼 호텔

「합이빈」의 주인공이자 화자인 '나'는 마데얼 호텔, 당시 이름으로 마데른 호텔에 묵고 있다. 지금 이 호텔은 핑크빛 3층 건물인데, 소박하다. 원래 모습을 복원한 지금도 식당과 숙박시설을 겸하고 있다. 3층의 객실에는 방마다 미국 저널리스트 에드거 스노를 비롯하여 쑨원孫文의 부인 쑹칭링宋慶齡, 작가 바진巴金과 딩링丁玲 등이 묵었던 방이라고 방문에 팻말이 붙어 있다. 지금은 낡았지만 과거에는 시대를 막론하고 하얼빈을 방문한 귀빈이 묵었던 호텔이다. 객실 복도를 걸을 때마다 삐걱거리는 마룻바닥이 세월을 느끼게 한다. 이 호텔

은 과거에도 그랬지만 지금도 하얼빈의 랜드마크다. 객실은 많지 않다. 호텔 1층은 주로 러시아 음식이 나오는 레스토랑이고, 호텔 모퉁이에서는 아이스바를 판다.

소설 「합이빈」에서 주인공은 마데얼 호텔 3층 객실에서, 키타이스카야 거리를 내려다본다. 지금의 중앙다제를 당시에는 그렇게 불렀다. 그는 원래 마음에 드는 거리를 실컷 보고, 맛있는 요리를 실컷 먹으려고 하얼빈에 왔다. 그런데 그는 하얼빈에서 애수를 느낀다. 왜 그럴까? 그는 "나는 키타이스카야 거리를 사랑한다. 사랑하므로 마음에 근심이 솟는 것일까"라고 자문한다. 그렇다, 그가 사랑하는 키타이스카야 거리가, 하얼빈이 변해가고 있었다. 그의 표현에 따르면 '위대한 교대'가 일어나고 있었고, 그래서 "하얼빈의 애수는 겹겹으로 서러워"갔다. 하얼빈에서 일어나는 변화가 그의 마음에 애수와 근심을 심어주었다.

소설 주인공이 말한 '위대한 교대'란 무엇인가? 그것은 소설 속 표현을 옮기면, 낡고 그윽한 것이 점점 물러나고 그 자리에 새것이 거칠게 밀려드는 하얼빈의 모습이다. 여기서 낡고 그윽한 것은 유럽적인 것이고, 거칠게 밀려드는 새것은 일본적인 것이다. 주인공은 그렇게 하얼빈의 유럽 색채가 사라지는 것에서 애수를 느끼고 서럽다. 주인공은 그를 찾아온 카바레 여급 유우라와 산책한다. 그녀는 아예 하얼빈의 이런 변화를 "잡동사니 어수선한 꼴"이라고 말하면서 하얼빈이 이미 식민지가 되었다고 표현한다. 그러면서 "모든 것이 꿈결같이 지나가버렸어요"라고 말한다. 프랑스를 비롯하여 유럽 대사관도 문을 닫아서 폐허다. 유우라는 붉은 러시아혁명을 피해서 하얼빈에 온 백러시아인이다. 그녀의 어머니는 폴란드인, 아버지는 러시아인이다. 고향을 떠나 하얼빈에서 뿌리를 내리고 살았는데, 하얼빈에 일본의 물결이 몰려들면서 이제 하얼빈에서도 밀려날 처지가 되었다. 이제 그녀는 갈 곳이 없다. 죽음을 생각한다.

식민지 조선에서 온 주인공도 비슷한 처지다. 하얼빈에서 점점 유럽적인 것이 일본적인 것에 밀려나면서, 이제 하얼빈이라는 그의 마음속 유럽을 잃었다. 조선 지식인인 그에게 하얼빈은 식민지 현실에서 벗어나 잠시 유럽의 세계에 젖을 수 있는 곳이었는데, 그런 하얼빈이 사라져간다. 그런 상실감과 애수를 두 사람이 공유한다. 그들은 이제 숨 쉴 곳이 없다. 작품 마지막에 주인공은 유우라를 두고, "죽음 이외의 무슨 말로 대체 나는 그녀를 위로할 수 있는 것일까?"라고 말한다. 이 말은 사실 그 자신에게 하는 말이다. 유럽 문명을 좋아했던 이효석에게, 일제강점기 조선 지식인에게 기차로 하루면 닿을 수 있는 하얼빈은 숨 막히는 일제의 현실에서 벗어나 숨을 쉴 수 있는 공간이었다. 그런데 그런 공간은 사라졌다.

러시아풍으로 복원된 오늘의 하얼빈

하얼빈의 중심가 중앙다제를 처음 간 게 2003년이었다. 그때는 그저 그랬다. 그런데 지금은 예전에 갔던 그 거리가 맞는가 싶을 정도로 다시 태어났다. 예전만큼은 아니지만 국제도시의 모습을 많이 복원했다. 나는 이런 거리를 좋아한다. 역사를 느낄 수 있고, 이야기가 있어서 그렇다. 옛 모습을 찾으려는 지속적인 복원 공사가 이루어진 덕분이다. 박석이 깔린 보행로 양쪽으로 늘어선 가로수가 그늘을 만들어 여름에도 걷기 좋다. 일본의 점령으로, 그리고 사회주의 정부가 들어선 뒤로 하얼빈의 국제도시 모습은 모조리 사라졌다. 그런데 이제 중앙다제가 다시 살아났다. 하얼빈시가 추진한 복원 정책에 힘입은 것이지만, 무엇보다 중국이 발전하면서 중국 기업의 자본력도 커진 덕분이다. 자본력을 지닌 기업이 뛰어들어 다시 하얼빈을, 키타이스카야 거리를 복원했다.

마데얼은 이미 대기업 집단이 되었고, 하얼빈 최초 서양식당인 타다오쓰塔道斯,TATOC만 해도 그렇다. 아르메니아계 러시아인 타도스가 세운 이 식당은 사회주의 중국이 들어서자 문을 닫는다. 주인은 중국을 떠나고, 식당은 국가로 귀속되었다. 그러다 2005년에 다시 중국 기업이 원래 위치에 복원했다. 중국에서는 지방정부와 대기업이 손을 잡고 과거 역사를 복원하는 도시 재생 프로젝트를 진행하는 게 유행인데, 하얼빈도 그 사례 가운데 하나다.

타다오쓰 식당은 원래 코카서스 지역 요리, 북부와 동부 유럽, 그리고 러시아 요리를 주로 했다. 노래하고 춤추는 곳도 있었고, 직접 빚은 와인과 맥주도 있었다. 식당 입구는 허름하다. 그런데 러시아 복장을 한 종업원의 안내를 따라 지하 입구로 들어서면 완전히 딴 세계다. 실내장식만이 아니라 스푼이나 나이프도 예스럽다. 코카서스식 양고기와 소고기, 닭고기구이와 철갑상어 요리, 러시아식 고기완자, 그리고 피시앤칩스까지 요리가 다양하고 수준 있다. 이 집에서 빚은 에일 계통의 맥주 맛, 훌륭하다.

타다오쓰에서 식사를 마치고 지하 식당 계단을 올라오는데, 입구에 사람이 무리 지어 모두 건물 위를 쳐다보고 있다. 무슨 일이 벌어진 줄 알았는데, 위에서 하프 소리가 난다. 건물 2층 모서리에 있는 발코니에서 러시아 전통 복장을 하고 하프를 연주한다. 예전에 발코니에서 이렇게 연주했다고 하여, 그걸 복원한 거다. 주로 주말이나 이벤트가 있을 때, 저녁에 이 건물이나 마데얼 호텔 발코니에서 공연을 선사한다.

하얼빈의 여름밤은 선선하다. 습도가 높지 않아서 낮에도 그리 덥지 않다. 중국 여름 여행은 너무도 많은 여행객 때문에 제대로 즐길 수 없는데, 하얼빈은 그래도 괜찮다. 워낙 빙등제氷燈祭가 유명해서 하얼빈은 겨울에 관광객이 많다. 중앙다제를 걷다보면 흡사 러시아 거리 같다. 건물을 다시 단장하고 옛 식당을 복원한 것이 매력으로 느껴져 많은 사람이 하얼빈을 찾는다. 식민시대 국제도시였던 상하이는 제국주의 시대 건물이 압도적인 위압감을 주는데, 하얼빈은 그렇지는 않다. 상하이의 와이탄 건물에서는 강한 제국주의의 남성성이 느껴진다면, 하얼빈의 건물에서는 애수가 느껴진다. 주로 망명 이방인이 많았던 역사적 기억 때문인지, 묘하게 하얼빈이 상하이보다는 심리적으로 편안하다. 하얼빈만의 매력이다. 다만 아쉬운 것은, 지금 복원된 것들은 근대 시기에 비해서 러시아 색채가 강하고, 유럽 색채는 약하다는 점이다. 거리의 간판과 음식, 기념품이 거의 러시아 일색이다. 하얼빈의 매력에 푹 빠졌던 이효석과 조선 지식인들이 지금 이 거리에 다시 온다면 하얼빈을 동방의 구라파라고 느낄까? 소설 「합이빈」 속 애수를 다시 느낄까?

하얀 세계에서 밀려난 '까만 손' 아이

때로는 어떤 소설은 문자가 아니라 이미지로 가슴 깊이 새겨지는 경우가 있다. 내게는 샤오훙蕭紅의 소설 「손手」(1936)이 그렇다. 짧은 소설이다. 내게 하얼빈은 흰색이다. 눈의 도시인 겨울 이미지 때문에 그렇다. 내 마음에서 하얼빈은 영원히 흰색이다. 소설「손」의 배경도 그런 하얼빈의 겨울이고, 온통 하얀 눈의 세계다. 이 소설은 이런 하얀 세계에 등장하는, 소설 속 표현에 따르면 '괴물'에 관한 이야기다. 유일하게 까만 손을 지닌 학생에 관한 이야기다.

하얼빈의 부유한 아이들이 다니는 기숙 여학교에 한 학생이 들어온다. 그런데 이 학생의 손이 문제였다. 손이 저토록 시커멓고 시퍼런 아이를 이 학교 학생들은 본 적이 없다. 그녀는 공부 잘하는 부자 아이들이 다니는 이곳 학교에서 이방인이다. 유일하게 까만 손을 지닌 그녀는 다른 학생을 따라가려고 취침 시간까지 아끼면서 공부한다. 조금이라도 불빛이 있는 곳이면 화장실에서라도 책을 보고, 해가 뜰 때까지 계단에서 공부한다. 하지만 아무리 노력해도 따라가지 못한다. 영어 단어가 외워지지 않는다. 여자 교장 선생님이 구박하고, 학생들은 "사람이 더러우면 손도 더러운 거야"라면서 놀린다.

체조 시간에 운동장에서 손을 위로 올리면 선생님과 다른 학생은 그녀를 금세 알아볼 수 있다. 오직 그녀의 손만 까맸다. 교장 선생님이 그녀에게 말한다. 그 손은 씻으면 안 되는 거냐고. 비누칠을 더 많이 해보라고. 그러면서 이렇게 명령한다. "네 손에서 검정물이 다 빠지면 그때부터 다시 나오도록!"

학생들은 교장 선생님 호출로 학교를 방문한 그녀의 아버지도 그녀처럼 손이 새까만 걸 발견하고 놀란다. 그녀와 그녀 아버지는 왜 이렇게 손이 까만가? 집에서 염색 일을 해서 그렇다. 옷감을 염색해서 먹고사는 가난한 집안이었다. 방학 때 고향 집에 다녀 오면 그녀 손이 더 까맣게 된 것도 이 때문이고, 그녀 아버지도 그래서 손이 까만 거였다. 그녀의 어머니가 아팠을 때 의사를 불렀지만, 의사는 염색집인 걸 알고는 돌아가버려서 어머니는 죽었다. 큰 언니는 약혼까지 했지만, 염색집인 걸 알고는 시어머니 될 사람이 며느릿감의 손이 사람 죽이는 손이라면서 약혼을 깼다.

그녀의 아버지는 그 까만 손의 운명에서 벗어나려고, "가족들 소금 살 돈까지 몽땅 가져"와서 그녀를 하얼빈에 있는 신식 여학교에 보냈다. 그러니 그녀가 죽도록 열심히 공부하지 않을 수 없다. 그런데 아무리 공부해도 친구들을 따라갈 수 없고, 배운 걸 금방 잊어먹는다. 친구들과 교장 선생님은 그녀를 괴물이나 벌레로 취급한다. 하얀 눈이 수북하게 내리는 날 벤치에서 잠을 자는가 하면, 창고로 내쫓기기도 한다.

여기까지는 가난한 집안 출신 학생이 겪는 왕따 이야기와 크게 다를 게 없다. 온통 하얀 세계 속의 유일한 까만 인물이 겪는 비극에 관한 이야기다. 통상 이런 이야기의 끝에서 박해를 당한 주인공은 안타까운 선택을 하거나 복수를 하기도 한다. 그런데 이 소설은 여느 왕따 소설과 다른 데가 있다. 주인공도 그렇고, 그의 아버지도 힘든 현실을 대하는 태도가 남다르다. 소설에서 교장은 어차피 시험에 통과하지 못할 테니 시험 볼 필요가 없다면서 퇴학 처분을 한다. 아버지가 그녀를 데리러 오고, 두 부녀는 마차도 없이 눈길을 걸어서 학교를 떠나 역으로 간다. 집안 소금값까지 아끼며 신식 학교에 보낸 그녀는 온 집안의 꿈이었다. 그런데 결국 학교를 포기하고 눈 쌓인 길을 밟으며 학교를 떠나 다시 염색일을 하는 고향 집으로 간다.

학교를 나서면서 아버지가 딸에게 말한다. "장화도 신어라. 공부도 망쳤는데 발까지 동상 걸려 떨어져 나가면 안 되지." 딸은 장화를 무릎까지 올리고, 머리에도 흰 수건을 두른다. 그런 뒤 구경 나온 친구들에게 이렇게 말한다. "다시 올게, 집에 책 가져가서 공부 열심히 해서 다시 올게. 흐…… 흐."

이 아버지와 딸, 참 씩씩하다. 온갖 따돌림과 구박에도 이 부녀, 꿋꿋하다. 소설에서 그녀는 자신의 까만 손을 원망하지 않는다. 그뿐만 아니라 학교 친구들과 교장 선생님 말을 따라 바득바득 까만 손을 씻어서 애써 손을 하얗게 하려고 시도하지도 않는다. 자신이 아닌 다른 무엇이 되어, 자신을 버리거나 숨긴 채로 새로운 세계로 들어가려고 하지 않는다. 자신과 자신의 삶을 새롭게 하려는 치열한 열정을 지녔지만, 자신을 버리는 게 아니라 자신인 채로 자신을 새롭게 하려고 한다.

그러면서 그들을 밀쳐내는 세상, 눈보라가 치고 얼음보다 더 차가운 세상에서도 기죽지 않는다. 온통 하얀 세상에서 까만 손을 가진 아버지와 딸은 사람 키만큼 쌓인 눈길을 헤치고 간다. 눈 덮인 하얀 세상이지만, 그런 세상에 있는 소설 속 학교는 더없이 어둡다. 그런데 아무리 씻어도 씻어지지 않는 까만 손을 지닌 두 사람은 찬 바람을 맞으며 눈길을 꿋꿋하게 걸어간다. 소설 마지막에서 작가는 그렇게 자신의 길을 헤쳐가는 두 사람이 울타리를 벗어나 햇살 가득한 곳으로 걸어간다고 묘사한다. "나무 울타리를 나선 뒤 그들은 저 먼 곳을 향해, 아침 햇살이 가득한 곳을 향해서 걸어간다. 눈밭은 마치 유리 조각으로 덮인 듯했고, 거리가 멀수록 더 강렬하게 빛났다." 세상은 울타리를 치면서 그녀와 그녀의 가족을 향해 눈 쌓인 울타리 밖 차가운 세계로 내몬다. 소설에서 학교란 그런 세계의 상징 공간이다. 그런 세계에서 주인공은 애써 버티려고 했지만, 결국 밀려난다. 손이 하얀 사람들의 세계에서 그녀는 유일하게 손이 까만 사람이어서 밀려났다. 그렇게 울타리 밖으로 밀려나 다시 집으로 가는 길, 손이 까만 아버지와 딸이 걷는 눈길에서, 두 사람을 둘러싼 눈밭이 햇살처럼 반짝반짝 빛난다. 쌓인 눈이 빛이 되어 두 사람이 가는 길을 반짝반짝 축복한다. 그들의 꿋꿋함을, 그들의 씩씩함과 의연함을! 그 꿋꿋함과 씩씩함, 의연함은 그들을 차별한 세상을 결국은 눈처럼 얼음처럼 녹아 사라지게 할 것이다. 언젠가는 결국!

수업 시간에 학생들과 이 소설을 읽을 때마다 하얀 눈 속에서 까만 손을 잡고 씩씩하게 걸어가는 두 사람이 그림처럼 떠오르곤 한다. 눈이 반짝반짝 빛나는 길을 장화 신고 아빠를 따라가는 주인공의 씩씩하면서도 슬픈 얼굴이 짠하게, 그리고 가슴 벅차게 떠오른다. 하얼빈의 거칠고 차가운 눈보라에서 단련된 사람은 원래 이렇게 강하고 씩씩한가.

중국인의 일상을 움직이는 '잠규칙'

숙소에서 성 소피아 성당까지 30분 거리를 공유 자전거로 왔다. 붉은 벽돌의 원형 건축인 성 소피아 성당은 언제 보아도 아름답다. 그런데 성당 안에서 생뚱맞게 러시아 민요를 부르고, 피아노를 연주하는 게 분위기에 영 맞지 않았다. 소피아 성당에서 하얼빈역에 있는 안중근의사기념관으로 자전거를 타고 가다가 포기했다. 좁은 길이 이어지면서 자전거 도로가 따로 없다. 뒤에서 차가 따라오는 게 마음이 불안하다. 길에는 신호등이 있지만, 자동차와 자전거와 사람이 뒤엉켜서 복잡하다. 중국에서는 베이징의 중심에서 멀어질수록, 도시의 규모가 작을수록 이런 모습이다. 나는 혼란스러워 자전거를 끌고서 아예 인도로 올라섰는데, 중국인들은 잘도 지나간다. 신호등은 규칙의 전부가 아니라 그저 일부일

붉은 벽돌로 지은 러시아 정교회의 성 소피아 성당

뿐이다. 중국에는 신호등같이 눈에 보이는 외부 규칙만이 아니라, 보이지 않는 수면 아래 규칙, 보이지 않고 명문화되어 있지 않지만 늘 작동하는 규칙, 중국인이 말하는 잠규칙潛規則(숨은 규칙)이 있다. 뒤엉킨 교차로에서도 그렇다. 신호등은 그저 큰 흐름만 제어할 뿐이다. 나머지 원리와 규칙이 따로 있다. 교차로나 건널목에 먼저 진입하면 우선권을 인정하는데, 무조건 우선권을 내세우기보다 서로 조율한다. 혼란스러운 가운데도 그 나름의 규칙과 우선순위가 작동하는 난중유서亂中有序의 생활 원리다. 이런 중국인의 일상 원리는 외부 사람의 눈에는 혼란스럽기만 하다. 그 혼란 속에 있는 질서는 잘 보이지 않는다. 중국인의 일상을 움직이는 또 하나의 원리가 수면 아래 잠복한 잠규칙인데, 그걸 읽어내기가 외국인에게는 쉽지 않다. 수면 위로 드러난 규칙이나 규정만 보면서 그것이 전부라는 생각으로 중국을 읽고 중국인을 대하다가는 결국 실패한다. 중국은 여러 차원에서 이중구조가 작동하는 나라다. 중국의 그런 이중구조에 주목하지 않으면, 중국 읽기에 실패한다.

하얼빈은 안중근의 도시다

애당초 햇살이 따가워서 걷기를 포기하고 자전거를 타기

로 했는데, 자전거 전용로가 없어서 포기하고 택시를 탔다. 하얼빈역 남쪽 광장에 도착했다. 하얼빈역을 마주 보고 왼쪽 모서리를 돌면 안중근의사기념관이 있다. 입구에 중국인 직원 세명이 앉아 있다. 요즘은 관람객이 많지 않단다. 여름 방학이면 예전에는 한국에서 온 학생 단체 관람객이 많았는데, 최근에는 그마저 썰렁하단다. 무료다. 중국이 이렇게 예산을 투입해 우리 역사 유적을 보존하고 관리해주는 것, 고마운 일이다. 다른 곳에 있는 임시정부 청사는 적으나마 입장료를 받는데, 여기는 관리비 차원의 입장료도 없다.

하긴 이곳이 누구의 기념관인가? 중국의 지도자들은 물론이고 모든 중국인을 깜짝 놀래고 정신을 번쩍 들게 한 인물, 그래서 중국인들이 최고의 찬사를 보낸 인물인 안중근의 기념관 아닌가? 제국주의 일본의 상징인 이토 히로부미伊藤博文를 척살한 안중근의 거사는 조선과 일본만이 아니라 중국도 뒤흔들었다. 안중근기념관에 전시된 중국 국부 쑨원부터 중국 공산당 초기 지도자인 천두슈陳獨秀와 리다자오李大釗, 그리고 근대 최고 사상가인 량치차오梁啓超 등이 안중근에게 최고의 찬사를 보낸 글과 특별히 쓴 시만 봐도 알 수 있다. 쑨원은 안중근에게 "업적은 삼한을 덮고 만국에 이름을 떨쳤다"라고 시를 써서 칭송했고, 천두슈는 중국 청년들이 톨스토이나 타고르가 되려 하기보다는 콜럼버스나 안중근이 되길 바란다는 글을 썼다. 박은식이 중국에서 쓴 『안중근전』이 1912

왼쪽 삼각형이 안중근의 위치, 오른쪽 동그라미가 이토 히로부미가 서 있던 곳

년에 상하이에서 출간되었고, 이 책은 1914년에 안중근을 찬양하고 추모하는 중국인의 시 등을 덧붙여 다시 출판됐다. 그뒤로 중국인 청웨이^{程淸}가 쓴 『안중근전』이 나왔고, 안중근을 다룬 소설, 영화도 쏟아졌다. 사회주의 중국이 수립되고 나서도 중국 초등학교 교과서에 안중근이 소개되었고, 2000년에도 작가 아청^{阿成}이 안중근 의거 관련 소설을 발표하기도 했다. 1919년 5·4운동 무렵에는 중국 대학생과 청년 사이에서 안중근을 모방하여 중국 친일파를 암살하려는 여러 조직이 생기기도 했다. 중국인에게 안중근은 예나 지금이나 제국주의에 저항하여 동아시아 평화를 실현하고자 했던 동아시

아 근대 최고의 영웅이다.

동아시아의 근대 영웅 안중근

중국인은 안중근을 기리면서, 안중근을 중국 역사의 의협 계보 속에서 그 의미를 찾았다. 중국 근대 저명한 사상가인 장타이옌^{章太炎}은 안중근을 아시아 제1의 의협이라고 불렀고, 량치차오는 안중근을 기리는 「추풍단등곡^{秋風斷藤曲}」이란 긴 시에서 안중근을 중국 역사 속 충신과 의협에 비유하면서 칭송했다. 이 시 제목의 뜻은 '가을바람이 등나무를 꺾다'인데 등나무는 이토 히로부미, 즉 이등박문^{伊藤博文}을 뜻한다. 이름에서 '등^藤' 자를 가져온 것이다. 안중근이 이토를 척살한 게 1909년 10월 25일 가을날이었다. 안중근이 쏜 총에 이토는 추풍낙엽처럼 쓰러졌다. 이 시에서 량치차오는 홀로 투구도 없이 적진에 뛰어들어 싸우다가 전사한 진^晉나라 장수 선진^{先軫}에 비유하는가 하면, 사마천이 『사기』에서 대표적인 의협으로 다룬 인물 여럿에 안중근을 대입하기도 한다. 자신을 알아준 은인의 은혜를 갚기 위해서 얼굴을 바꾸고 목소리까지 바꾸면서 자신의 은인을 죽인 군왕을 쫓아다닌 예양^{豫讓}, 그리고 훗날 진시황이 되는 영정^{嬴政}을 살해하려고 한 협객의 대표 인물 형가^{荊軻}에 안중근을 비유했다.

예양과 형가는 『사기』에서 사마천이 자객으로 분류한 사람들이다. 사마천은 「자객열전」에서 이들의 삶을 기록한 뒤 마지막에 자신의 평가와 말을 이렇게 덧붙였다. 이들의 의협심은 성공하거나 실패하기도 했지만, 이들의 목적은 분명했고, 자기 뜻을 욕되게 하지 않았으니, 이들의 이름을 후세에 길이 전한다는 것이다. 왕을 살해하려고 한 자객인 건 맞지만, 이들은 후세 사람이 기억해야 할 의협이라는 것이다. 의협은 의를, 옳음을 실현하는 협객이다. 사마천이 한비자의 말을 인용한 것에 따르면, 협객은 무력으로 법을 위반한다 (俠以武犯法). 현실의 법을 어기면 안 되지만, 현실의 법을 어기는 게 용인될 수 있는 조건은 옳음이다. 그래서 의협에게 중요한 것은 결국 의義다. 그렇다면 의는 도대체 무엇인가? 사마천이 「자객열전」에서 다룬 예양의 생각을 따라가면서, 중문학자 김광일 교수가 예양의 복수를 통해 의리 관념의 기원을 분석한 글(「의리의 탄생」)을 참고하면서 의란 무엇인지 살펴보자.

예양은 춘추시대 사람이다. 중국사에서 선비인 사士라는 계층이 집단으로 역사 무대에 등장하던 시대에 신하로서 산 사람이다. 예양은 자신의 가치를 알아준 사람을 위해서, 그 은인의 은혜에 보답하기 위해서 그 은인을 죽인 원수인 군왕에게 복수하려고 한다. 예양이 죽이려는 원수는 조양자趙襄子다. 예양의 첫 암살 기도는 발각되어 실패한다. 이때 군왕 조양자가 자신을 죽이려 한 예양을 두고서 이렇게 말한다. "저 사람은 의인義人이다." 조양자는 자신을 죽이려 한 예양을 의인이라고 높이 평가하면서, "신하가 주군을 위해 복수하려 한다"라고 예양의 행동을 정의한다. 여기서 예양은 의를 주군을 섬기는 신하의 윤리로 보고 있다. 군주를 섬기는 신하이자 선비는 의로운 사람, 즉 의인義人이어야 한다는 것이다.

첫 시도가 실패한 뒤 예양은 사람들이 자신을 알아보지 못하도록 위장한다. 몸을 검게 칠하고, 숯을 삼켜 목소리마저 바꾼다. 그런 그를 친구가 알아보고는, 그러지 말고 더 편한 방법을 쓰라고 권한다. 차라리 군왕 조양자의 신하가 되어서 총애를 받으면 복수하기 쉬울 것이라고 말한다. 그럴듯한 제안이다. 그런데 예양은 이 권고를 거절한다. 예양은 조양자를 죽이려는 마음을 가지고 조양자의 신하로 들어가는 건 두 마음을 품고서 주군을 모시는 일이라고 말한다. 자신은 두 마음을 먹고 주군을 섬기는 게 얼마나 부끄러운 일인지를 세상 사람에게 알리려고 이렇게 복수하는 거라고 덧붙인다. 여기서 신하이자 선비의 또다른 윤리가 나온다. 즉 부끄러움을 알고 두 마음을 갖지 않는 것이다.

예양은 온갖 노력에도 불구하고 원수인 군왕 조양자를 죽이지 못한다. 조양자를 죽이려고 다리 밑에 숨어 있다가 결국 붙잡힌다. 그를 붙잡은 군왕 조양자가 오히려 통곡한다.

조양자가 보기에 예양은 이미 자신을 알아준 사람을 위해서 충절을 다했고 명예도 높았다. 그런데도 복수의 마음을 접지 않는 거였다. 조양자는 자신이 이미 용서도 충분히 해주었으니 더는 놓아줄 수 없다고 말하면서 탄식한다. 그러자 예양이 조양자에게 간청한다. 충신은 명예와 절개를 위해 죽을 의무가 있다면서 자기는 죽어 마땅하니, 부디 너그럽게 군왕인 조양자의 옷을 칼로 쳐서, 그것으로나마 원수를 갚으려는 자기 뜻을 이루게 해달라고 간청한다. 군왕 조양자가 예양의 이런 의로운 기질에 탄복하여 사람을 보내 자기 옷을 예양에게 가져다준다. 그러자 예양은 칼로 조양자가 준 옷을 세 번 긋는다. 이제 그는 뜻을 이룬 셈이다. 그런 뒤 예양은 칼로 자결한다.

사마천은 예양의 복수 이야기를 통해서 선비란 의인이어야 한다고, 의인이란 부끄러움을 알고, 두 마음을 갖지 않으면서 끝까지 어떤 일이 있어도 포기하지 않고, 죽음을 불사하고 옳음을 실천하는 사람이라고 말한다. 그것이 선비 정신이라고 말한다. '의'라는 글자에 옳음, 바름이라는 의미와 더불어 그런 가치를 위해 자신의 목숨을 바치는 의미가 추가된 건 이런 배경에서다. 그래서 우리는 그런 사람을 의를 실천한 선비라고 하여 의사義士라고 부른다. 안중근 의사가 바로 그런 사람이다. 안중근은 두 마음으로 조선과 일본을 동시에 섬길 수 없었고, 자신의 시대와 편한 삶이 부끄러웠고,

죽음을 불사하면서 어떤 일이 있어도 포기하지 않으면서 자기 목숨을 걸고 옳음을 실천했다. 그는 참으로 의로운 선비, 의사다.

량치차오는 안중근을 예양에도 비유하고 형가에도 비유했지만, 안중근은 형가보다는 예양에 더 가까웠다. 현대판 검인 총을 썼다는 점에서는 협객일지 모르지만, 그는 결국 의로운 선비이자 의사였다. 서른한살 피가 끓는 선비였다. 상하이 훙커우공원에서 안중근의 뒤를 이은 윤봉길도 스물네살 피가 끓는 선비였다. 조선은, 그리고 대한민국은 선비 정신으로 충만한 나라다. 그 정신이 독립운동의 동력이었고, 대한민국을 좋은 나라로 만드는 정신이었다.

동아시아 평화 없이 한국 평화도 없다

안중근의사기념관에서 나와 하얼빈 대장부 흉내를 내느라 하얼빈을 대표하는 요리인 돼지통뼈찜에, 안중근이 거사 전에 마셨다고 하는, 물론 안중근은 진즉에 술을 끊어서 마시지 않았다는 주장도 있지만, 안중근이 마셨다고 믿고 싶은 위취안玉泉 고량주를 털어 넣었다. 통뼈찜을 막 한입 먹는데, 익숙한 목소리가 식당 홀의 TV 화면에서 흘러나온다. 백종원 셰프가 통뼈찜 먹방을 하고 있다. 이 집을 다녀간 모양이다. 통뼈찜은 먹는 재미는 있지만, 짜고 투박하여 내 취향은 아닙니다.

절반쯤 남기고, 바로크양식 건물 사이로 늘어선 음식 거리를 지나 쑹화강(松花江)으로 방향을 잡아 걷는다. 해 질 무렵, 노을이 내리는 쑹화강을 따라 걷는다. 박경리의 『토지』에 나오는 인물들은 하얼빈에서 쑹화강을 자주 걷는다. 박경리는 『토지』 4부 연재가 끝날 때까지 하얼빈에 가보지 않은 상태로 소설을 썼다. 그러다가 한중수교 이전인 1989년 홍콩을 거쳐 하얼빈에 처음 간다. 그런 뒤 하얼빈에 대한 묘사가 『토지』에 더욱 생생하게 등장한다. 하얼빈 특유의 석조건물, 그리고 외국인들이 묵던 호텔의 연회장, 댄스홀 등이 구체적으로 묘사된다. 소설 『토지』만이 아니라 그의 여행기 『만리장성의 나라』에도 쑹화강 풍경이 자주 등장한다.

국문학자 조윤아의 연구(「두가지 층위로 나타난 하얼빈의 장소성」)에 따르면, 『토지』 6권(마로니에북스 2012)에서 유인승은 안중근이 이토 히로부미를 암살한 이후부터 사람이 달라진다. "주눅이 들어 말을 못하던 그가 떠들기 시작했고, 술을 마시기 시작했고, 흥분하고 눈에 핏발을 세우고 (…) 그의 엄청난 변모에 의아해한 친구들은 웃었다." 안중근 효과다. 한 사람의 크고 높은 삶은 평범한 사람마저 이렇게 바꾼다. 옛 기차가 다니던 쑹화강 철교는 이제 인도교로 바뀌었다. 철교 난간 사이로 노을빛이 부서지고, 쑹화강이 노을빛 윤슬로 반짝

인다. 서서히 하얼빈에 어둠이 내리고, 화려한 야경의 시간이 시작된다. 주말 저녁이라 그런지 강변에 사람이 붐빈다.

『토지』에서는 안중근 때문에 달라진 유인승을 두고 그의 친구들이 놀린다. "미친놈! 계집을 상대로 앓는 상사병이라면 그런대로 봐주겠다! 안중근은 사내야, 사내." 안중근에게 상사병에 빠진 채 달라진 삶을 사는 유인승과 같은 사람이 많아질 때, 안중근 효과가 유인승을 넘어 동아시아에 널리 널리 퍼질 때 안중근이 꿈꾼 동양 평화, 동아시아 평화가 이루어질 것이다. 뮤지컬 「영웅」, 영화 「영웅」, 김훈 소설 『하얼빈』이 환영을 받는 건 그런 안중근 증후군이 우리 시대에 조금씩 늘어가는 징후일까. 아니면 갈수록 안중근 효과가 사라지는 현실에 느끼는 안타까움의 표현인가.

안중근은 감옥에서 쓴 「동양평화론」(1910)에서 자신의 시대를 "대세가 뒤집어지는" 예측하기 어려운 시대라고 보았다. 안중근의 진단처럼 그의 시대는 세계질서가 크게 변화해 서구가 몰려오면서 동아시아가 그 충격의 피해를 입은 서세동점西勢東漸의 시대였다. 안중근은 이런 시대의 혼란에 편승하여 다른 나라를 침략하면서 야욕을 채우는 러시아와 일본을 거세게 비판한다. 그러면서 그는 자신의 행동을 "동양 평화를 위한 의로운 전쟁을 하얼빈에서 벌"인 것이라고 정의한다. 동아시아 평화 없이는 조선의 독립도 없다는 인식이다. 양상은 다르지만, 다시 기존 세계질서가 흔들린다. 그리고 동아시아 위기의 압력도 높아진다. 안중근의 인식처럼 동아시아의 평화 없이는 한국의 평화도 없다. 안중근 효과가 한국을 넘어 동아시아에 퍼져야 할 이유가 여기에 있다.

참고자료

베이징
라오서 『낙타 샹즈』, 심규호·유소영 옮김, 황소자리 2013.
김재용·곽형덕 편역 『김사량, 작품과 연구 1』, 역락 2008.
박완서 『두부』, 창비 2002.
김윤식 「베이징, 1938년 5월에서 1945년 5월까지」, 『문학사의 새 영역』, 강 2007.
김재용 「김사량과 중국」, 『한민족문화연구』 54호, 2016.
김재용 「일제말 김사량 문학의 저항과 양극성」, 『실천문학』 통권 83호, 2006년 가을호.
이양숙 「일제 말 북경의 의미와 동아시아의 미래」, 『외국문학연구』 54호, 2014.
영화 「먼 훗날 우리(後來的我們)」 2018.

상하이
장아이링 『경성지련(傾城之戀)』, 김순진 옮김, 문학과지성사 2005.
장아이링 『첫번째 향로』, 김순진 옮김, 문학과지성사 2005.
김미지 「상해와 한국 근대문학의 횡단」, 『한중인문학연구』 48호,

2015.

김호웅 「1920~30년대 한국문학과 상해」, 『현대문학의 연구』 23호, 2004.

정은경 「상하이의 기억: 식민지 조선인과 제국 일본인의 감각―김광주와 요코미쓰 리이치를 중심으로」, 『한국문예창작』 17권 1호, 2018.

항저우

여화(위화) 『허삼관 매혈기』, 최용만 옮김, 푸른숲 1999.
여화(위화) 『인생』, 백원담 옮김, 푸른숲 2007.
최기영 『중국 관내 한국독립운동가의 삶과 투쟁』, 일조각 2015.
하상일 「심훈과 중국」, 『비평문학』 55호, 2015.
하상일 「심훈과 항주」, 『현대문학의 연구』 65호, 2018.
張均 「柔弱者的哲學」, 『文藝爭鳴』 2010年 2期, 2010.
영화 「인생(活着)」 1994.

사오싱

루쉰 『루쉰 독본』, 이욱연 옮김, 휴머니스트 2020.

시안, 옌안

모택동 『모택동의 문학예술론』, 이욱연 옮김, 논장 1989.
애니메이션 「장안 삼만리(長安三萬里)」 2023.

지난

모옌 『인생은 고달파(1·2)』, 이욱연 옮김, 창비 2008.
모옌 『붉은 수수밭』, 심혜영 옮김, 문학과지성사 1997(개정판 2014).
영화 「붉은 수수밭(紅高粱)」 1989.

하얼빈

샤오홍『가족이 아닌 사람』, 이현정 옮김, 문학과지성사 2022.
최원식 외 엮음『20세기 한국소설 8: 이효석, 유진오 외』, 창비 2005.
김광일「의리의 탄생」,『중국학보』96호, 2021.
방민호「이효석과 하얼빈」,『현대소설연구』35호, 2007.
이경재「이효석의『벽공무한』에 나타난 하얼빈」,『현대소설연구』58호, 2015.
조윤아「두가지 층위로 나타난 하얼빈의 장소성」,『비평문학』68호, 2018.
최형욱「양계초의 '추풍단등곡' 탐구」,『동아시아문화연구』49호, 2011.
한홍화「일제말기 이효석 소설에 나타난 '할빈'의 의미」,『국어국문학』164호, 2013.